豊かな食生活レシピ集

健やかな人生を過ごすために

神頭 孝子
Kanto Atsuko

文芸社

豊かな食生活レシピ集

健やかな人生を過ごすために

【目次】

春

夏

秋

冬

おやつ

カバー・本文デザイン／佐藤千恵

はじめに

私たちの身体は食べものが変化したものと言っても過言ではないと思っています。毎日の食事の中で取り込まれる食物が、体内でさまざまな働きを受けて消化、吸収（排泄も含めて）され、身体が作られていくのですから、いかに日頃の食生活が大切か、おわかりいただけるでしょう。

身近にある材料で、おいしいものを手作りすることで、作り、味わう楽しみ、何よりも家族の笑顔、そして健康を手にしていただきたいのです。そこで、すぐにはじめていただきたくて、その手伝いができればと本にまとめました。わかりやすく、丁寧に、と心がけました。どうぞ心を込めて食事作りをなさってみてください。毎日の食卓がよりいっそう楽しく、充実したものになるでしょう。

レシピを見て作りはじめる前に、もう少しお話したいことがあります。昔から医食同源と言われますように、日常の食物によって、身体のあり方は、随分と違ってきます。今、化学物質（酸化防止剤など）の混入していない食物をさがすのが難しいと言われる時代です。どうぞ素材選びは慎重になさってください（天然

のもの、旬のもの等を選ぶ)。

主食・副食ということで言えば、主食は大事な栄養源であるにもかかわらず、いつからか、副食さえとっていれば……の風潮となり、私たちの食生活は一変してしまったように思います。

その結果、子供たちまでが生活習慣病や、その予備軍となったり、アレルギーや肥満など、30～40年前には考えられなかったことが、どんどん出てきてしまったように思います。

今こそ、食のあり方を見直して、家庭で、安心して食べられるおいしいものを作りましょう。太陽のめぐみと、農薬など使わない大地にはぐくまれ、育った、有機栽培の野菜、豆類、穀類、そして野草を使って食卓をにぎわしたいですね。

自然の恵みいっぱいの食物はおいしいのはもちろんのこと、すばらしい薬効も発揮してくれます。

〈主食〉 精白していない穀物で、1回の食事で、食事量の半分を主食で賄うつもりで。

(例) 玄米……玄米餅、粉にして団子に

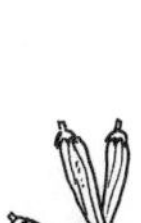

玄麦……黒パン、お焼き、すいとん、蒸しパン
そば……そばがき、クレープ、スープ、すいとん
粟・きび・ひえ等……団子、コロッケ、リゾット、スープ

〈副食〉新鮮なもの、旬のもの、泥付きのもの等

◇緑黄野菜
（例）にんじん、カボチャ、小松菜、パセリ、しそ葉、ブロッコリー等

◇根菜
（例）ごぼう、れんこん、里芋、玉ねぎ、にんにく、生姜等

◇野草
（例）ユキノシタ、アシタバ、ヨメナ、ヨモギ、スギナ、タンポポ等

◇海藻
（例）昆布、わかめ、ひじき、ふのり、のり、寒天、もずく等

◇豆類
（例）大豆、黒豆、小豆、凍豆腐、ユバ、納豆、豆乳（おからも）等

◇ごま類

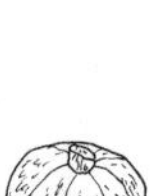

（例）黒ごま、白ごま、練りごま（ごまペースト）等

◇小魚・小麦蛋白

（例）ちりめんじゃこ、煮干、桜えび、丸干し（いわし等）
車麩、板麩、生麩、グルテンミート等

◇他にキノコ類・発酵食品

（例）しめじ、マイタケ、なめこ、しいたけ、キクラゲ等
漬けもの、納豆、みそ、梅干、ヨーグルト等

〈調味料〉

（例）天然塩、天然醸造の（みりん、しょう油、酒、酢）
黒ざとう、天然ハチミツ、みそ、植物油（圧搾法を用いたもの）

〝食〟のあり方を見直すには

①手作りの習慣をつける
・はじめはとにかくやってみる
・時間のあるときに、作りおきする
②素材選びはしっかりと慎重に
③野草も含めて旬のものを食卓へ
・旬のものは、㋑おいしい、㋺安価、㋩栄養が豊富
④調味料は天然醸造のものを
⑤よく噛み過食にならない

〝献立を考える〟上での注意点

①主食に無精白のものを使ったか
玄米ごはん（発芽玄米ごはん）、玄麦パン、ざるそば等
②蛋白源はしっかり摂れているか

大豆、小麦、あるいはその加工品を使った料理

③色の濃い野菜・根っ子の野菜を取り入れたか

カボチャ、にんじん、青菜、玉ねぎ、ごぼう、れんこん、芋類等

④海藻を忘れずに

ひじき、昆布、わかめ、ふのり、青のり等

⑤ミネラル豊富なごまや小魚は？

ごま（黒、白、練りごま）、桜えび、ちりめんじゃこ、煮干し・丸干し等

⑥調味料は？

天然醸造のもの（みりん、しょう油、酢、酒）、圧搾しぼりの植物油、天然塩、黒糖

その他に、レモン、ユズなど酢代わりに。香味野菜として、生姜、にんにく、パセリ、ハーブ等

⑦赤、緑、黄、黒、白など豊かな色彩りを

見た目もきれいで、バランスのよい食事になります

⑧作りおきのもの（常備菜）を利用する

切り干し大根の煮付け、つくだ煮、煮ひじき、煮大豆を利用

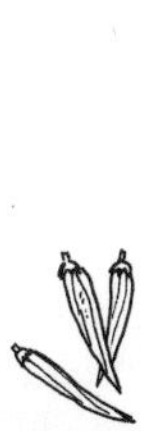

はじめにも書きましたが、人間の身体は食物が変化したようなものですから、食品の質のよしあしで私たちの体質そのものが左右されることになりかねません。食物を選ぶ、食べる、排泄することをしっかり頭に入れて生活することが大事ですね。

便利な世の中ですから、うっかりするとその便利さに流されがちですが、いつも外食や中食に頼っていては、少しずつ蓄積された化学物質（農薬、添加物など）で、時間の経過と共に身体が蝕まれていくことになります。安心のできる素材で、ご自分や家族のためにも手作りをなさってください。

◎レシピの中で出てくる

（大）1……大さじ1杯

（小）1……小さじ1杯

1カップ……200ccのカップ1

◎たまご……有精卵を含む自然卵。
◎小麦粉……無漂白の薄力粉と全粒粉（完全粉）を半々に混ぜたもの。
◎グルテンミート……小麦の蛋白質のグルテンを主に、しょう油、酵素などで味付けし、かたまり状に加工したもの。
◎グルテンバーガー……小麦の蛋白質のグルテンを主に、しょう油、酵素などで味付けし、ひき肉状に加工したもの。
※グルテンミート、バーガー共に缶詰で、自然食品店などで売られています。

※レシピは基本的には4～5人分ですが、中華まんじゅう、ピロシキ、パン類、ポタージュ類、おやつ等、多めにできます。健康によいものでも、過食は内臓に負担をかけますから、ご自分のお腹と相談なさって、腹八分目を心がけてください。
◎野菜類……よく洗って、できるだけ、皮のまま利用しましょう。
◎豆　類……煮こぼさずアクをすくい取って煮る（煮汁の中に栄養分が出ている）。

■発芽玄米の作り方……炊き方

① 玄米を2～3回洗い、たっぷりの水に20分浸す。

② ①をザルにあけ水を切る。

③ すぐに密閉用器に入れ、12℃前後の所（冷蔵庫の野菜室）で48時間保管。これで発芽玄米の出来上がり。

　保存はこの容器のまま冷蔵庫へ（8℃前後）移す（1週間位で使い切りましょう）。

④ ③の発芽玄米を必要量、電気釜に入れ、押し麦と餅きび（or 餅あわ）等を合わせて、発芽玄米の1／4位の分量をきれいに洗って電気釜に加える。水の分量は発芽玄米と押し麦などをプラスした分量の電気釜の水位より2～4ミリ高めの水位とし、炊く。ご自分の好みの固さを見つけてください。

《注》お米は電気釜に入れて（水に浸した状態で）30～40分置いてからスイッチを入れて炊くとおいしい。

※電気釜の水位は、発芽玄米用か、白米用の水位を目安にしてください。

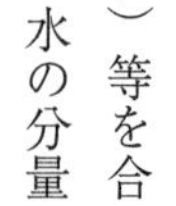

■玄米ごはんの炊き方……圧力釜を使って

圧力釜の種類によって炊き方は違いますが、ここでは中釜のあるものを使います。玄米の分量よりほんの少し多めの水を中釜に入れ、外釜にはカップ1の水を入れて、きっちりふたを閉めます。はじめ強火で、炊きます。7～8分位で、蒸気が出て重りがたがたいいはじめたら、そのまま3分間待って、次にトロ火にして25分炊き、火を止め2～3分そのままにして、それから蒸気を抜き、20分ほどむらして出来上がり。ふたを開けるとき、ふたの水分を落さないように（ごはんに水分が入り、味が落ちる）。

■豆乳の作り方

【材料】 乾燥大豆　1カップ

水（漬け汁も含めて）　6～7カップ

ザル、布袋（サラシを使用）、木しゃもじ

① 大豆をきれいに洗って3～4倍の水に浸しておく。

② ①の大豆をザルにあけ（浸し水は捨てない）、ミキサーに入れ、水3カップも加え、ミキサーを回す（浸し水が足りない場合は水を足してください）。

③ 深鍋に②を入れ、ミキサーを水1カップで洗って、その水も鍋に入れる。

④ ③を絶えず底からしっかりかき混ぜながら煮立てる。

⑤ 煮立ったら、トロ火にして水を少しずつ加えながら、かき混ぜながらふきこぼさないよう煮る。ふき上がってきたら、すぐ水を少し加えて、ゆっくり丁寧に煮る（このくり返しをしながら煮る）。

⑥ 10分位煮ると、大豆くささが少なくなり、しっかり火が通ります。

⑦ 別鍋を用意して、その上にザルをおき、水でぬらし、固くしぼった布袋を広げ、その中へ⑥をこぼさないように流し込む。

⑧ 袋を整えて手でしっかり口をふさぎ、箸でしぼっていく。この袋の中に残ったのがおから。ザルを通して鍋に入っているのが豆乳。

⑨ 豆乳は雑菌などが入りやすいので、もう一度煮沸して冷まし、冷蔵保存する（4日位おいしく使えます）。

⑩ おからは2～3等分し、平たくのばしてラップ等で包み、冷凍保存しておけば、

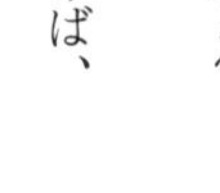

必要なとき、いつでも使える（常温で2～3時間で解凍）。

※豆乳はごま油（orオリーブ油）少々と塩少々を加えて熱いところを飲むとおいしい。

牛乳代わりに、料理や菓子作りとして使用。

■ソイーマヨネーズの作り方

【材料】

やわらかく煮た大豆	1カップ
紅花油 orオリーブ油	80 cc
米酢	50 cc
梅酢	15 cc

全部の材料をミキサーに入れ1～2分回すと、よくこなれてきれいで、なめらかなマヨネーズができます。これをきれいなビンに入れ、冷蔵保存すれば3週間位、おいしく食べられます。

※ミキサーが回りにくいときは、少し大豆の煮汁を加えます（大豆を、やわらかく煮ておくと扱いやすい）。

梅酢が手に入らないときは、米酢だけ（65ccにして）でも。塩小さじ1～1.5、ハチミツ小さじ1／4～1／2を入れて、ミキサーを回してください。一味違ったソィーマヨネーズができます。

■フレンチドレッシングの作り方

【材料】 梅酢（大）1
オリーブ油（サラダ油、紅花油可）1～1.5
玉ねぎのみじん切り（大）1／2～1

梅酢とオリーブ油をしっかり混ぜる。よく混ざったところで玉ねぎのみじん切りを加えさらに混ぜる。

■出し汁の取り方……煮干と昆布を使って

①約1.5リットルの水に昆布（10～12センチ角）と煮干（いりこ）20～25ｇ位（丸のまま）を入れ、3時間以上おく（直接、鍋に入れるとやりやすい）。

②そのまま火にかけ、煮立ったら、すぐトロ火にして15分位煮る。このとき煮干をおどらせないこと！

※この出し汁は吸いもの以外ならほとんどの料理に使えます（みそ汁、たまご豆腐、ごま豆腐、茶碗蒸し、煮物、寒天寄せ等）。

冷まして冷蔵庫に保存すると、1日目はおいしく、2日目から味が落ちますので、常に作っては冷蔵し、冷蔵してあるものから使うようにすると、料理の効率もよく、いつもおいしくいただけます。

暑い時期、①を冷蔵しておくと安心です（一晩おいても大丈夫）。

■出し汁を取った後の昆布や煮干を使って

〈昆布のつくだ煮〉

出しを取った後の昆布を1～1.5センチ角位に切り、鍋に入れ、出し汁を加え（昆布にかぶる位の量）、酢、小さじ1～2も加えて煮、煮立ったらみりん、しょう油（1：1.5）の割合で加え、生姜の薄切り少々を加え焦さないようトロ火で煮つめる。

※干ししいたけを戻して料理に使った後の軸を薄く小口切りにして（ザラザラした部分は捨てる）加え、ことこと煮ると、しいたけ昆布ができる。

昆布（出しを取った後の）はレシピの中でも多く使っています。ご参考に。

〈煮干の香味炒め〉

出しを取った後の煮干の頭と内臓を取り除く（骨は捨てないこと）。にんにく（大1片）、生姜（にんにくと同量位）は、みじん切りにする。鍋にごま油をしき、にんにく、生姜を炒め、さらに煮干も加え炒め、酒、大さじ1～2を加え、しょう油適量も加え、炒めながら煮、味を見て、よければ、汁気をとばす。

このままでもよいが、板のりを焼いて1枚を6～8つ切りし、これを少しずつ包んで、皿に並べる。見た目もよく、味もいっそうおいしくなり、酒の肴にも、箸休めにもなります。

※昆布、煮干ともに量によって調味料は加減してください。
　1回の量で少ないときには冷凍しておいて、2～3回分まとめて作りましょう。

■天然酵母の生種の作り方

（ホシノの天然酵母のパン種）として市販されているものを使います。

①ガラスの広口ビンに、ホシノの天然酵母の粉を入れます（必要に応じて50～100g）。

②①へ粉の2倍量の水を加え、よくかき混ぜて25℃～30℃のところで2～3日放置する。このときビンのふたを使わず紙をかぶせ輪ゴムで止める。

③放置している間も1～2回、きれいなスプーンなどでかき混ぜる。

④2～3日放置したものを紙ぶたからふたに替えて（このとき少しゆるめる）、冷蔵する。1日位冷蔵したものはもう生種として使えます。

※④は2週間位生種として使えますので、その間に使い切りましょう。パンはもちろん、中華まんじゅう、ピロシキなどにも使ってください。

■玄麦パンの作り方

【材料】

強力粉	300g
完全粉（全粒粉）	200g
黒ざとう（粉）	（大）2.5
塩	（小）1／2
生種	（大）2.5
ぬるま湯（30℃以下）	250～270cc
くるみ	70g

①くるみは粗みじん切り。強力粉、完全粉、黒ざとう、塩を一緒にふるう。

②①へ生種とぬるま湯を加え、混ぜ合わせ、まとまったら、くるみも加えしっかり練っていく。

③力を上手に使って（体重をかける）、②をさらにこねて練り（10分位）、つやが出てよく練られてきたらまとめてボールに入れ、ぬれ布巾をかぶせて30℃位で2～2.5時間発酵させる（第一発酵）。

④第一発酵ができたら、型にマーガリンをぬり、発酵した③を空気抜きしながら整形し、（4つ位に分けるとやりやすい）型に入れ、ぬれ布巾をかぶせ、30℃位で1～1.5時間発酵させる（第二発酵）。

⑤④を温めておいたオーブンに入れ、150℃で10分、180℃で12分位焼く（食パンのように深い入れもので、種に厚みがあるときは時間をもう少し長くしましょう）。

※表面が焦げすぎるようなら残り時間4～5分のときアルミホイルをかぶせます。

焼き上がったら型からはずして、網の上などで冷まし、包む。翌日以後は食べやすい薄さに切って冷凍保存する。

■健康的でおいしい飲みもの2つ

・タンポポコーヒー……タンポポの根っ子を乾燥させ、炭火焙煎し、粉にしたものが、自然食品店で売られている。

・生姜紅茶……紅茶に生姜のしぼり汁（小さじ1位）を加えたもの。

どちらも身体をしっかり温めてくれます。

◇ 短冊切り

【短冊切り】 長さ3～4センチ幅1.5センチ位に切る（厚みは2～3ミリ）。（にんじん、ウド等）

◇ みじん切り

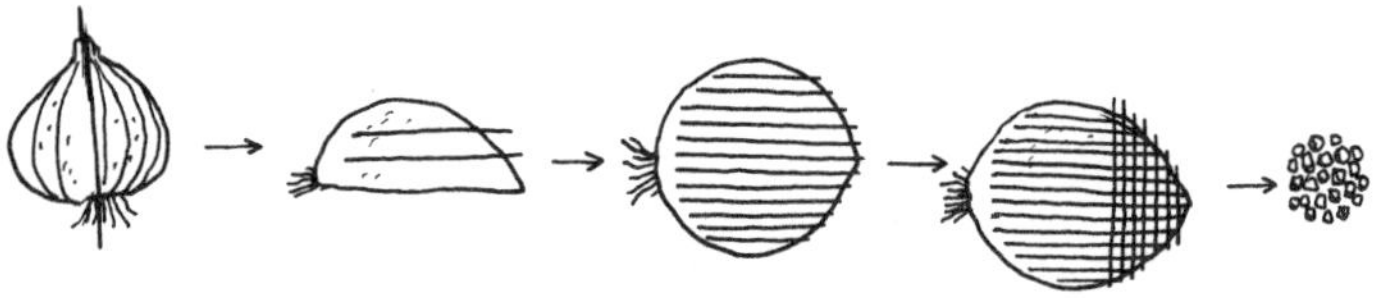

【みじん切り】 玉ねぎは皮をむいて縦半分に切り、根の方を少し残して（はずれないように）横に包丁を2本入れ、上から細かく包丁を端から端まで（根元は残して）入れる。
そこで茎（芽）側から細かく、ざくざく上から切っていく。残った根の周りは細かく刻む。
にんにく、生姜、にんじん、ごぼう、ピーマン等は千切りしたものを細かく刻む。

◇ ささがき

【ささがき】 まな板の上で、片手でゆっくり回しながら削っていく。（ごぼう、にんじん等）

《野菜の切り方》

◇ 千切り

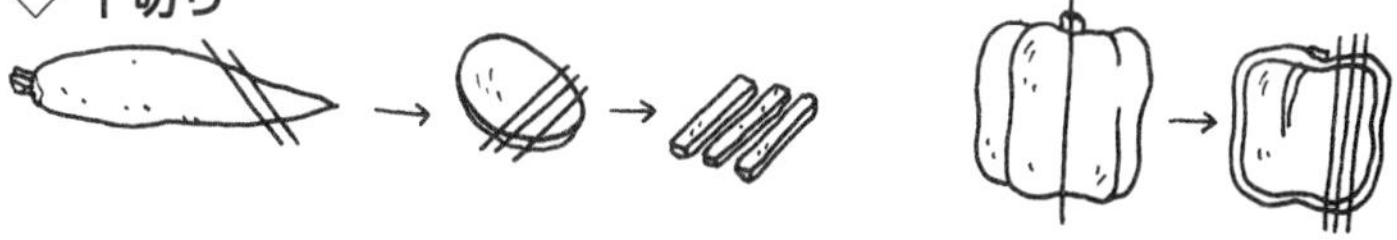

【千切り】薄く斜めに切ってから、細く切る。（にんじん、ごぼう、きゅうり等）
ピーマン等は半分に切り、細く切る。

◇ 輪切り

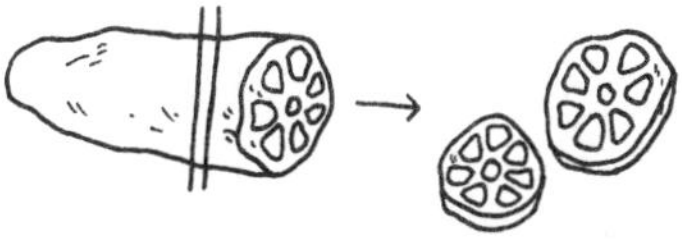

【輪切り】形のまま端から切る。用途により１～２センチ位。（にんじん、れんこん、さつまいも等）

◇ イチョウ切り

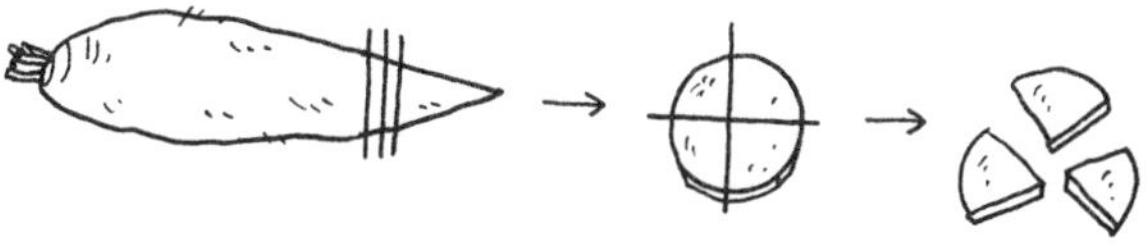

【イチョウ切り】２～３ミリの輪切りをして、さらに４等分する。（大根、にんじん、れんこん等）

◇ 小口切り

【小口切り】形のまま端から、用途により0.1～１センチ位に切る。（ねぎ、おくら、インゲン等）

春

〈発芽玄米のごはん〉

〈豆腐のなると巻き〉

① 木綿豆腐は水切りをしておく（布巾に包んで、軽い重しをのせるなどして）。
② 白ごまはすり鉢でしっかりすり、くず粉も加えてすり、豆腐をくずしながら加え、すりつぶし、塩と青のりを加え、よく混ぜる。
③ 巻きすを広げて、クッキングシートをしき、②を広げておく（板のりの大きさ位）。
④ ③の上にかぶせるように板のりをのせ、端からなるとになるよう巻く。
⑤ 蒸気の上がった蒸し器で12分、巻きすごと蒸す。
⑥ 蒸し上がったら取り出し、冷ます。冷ましてから、1.5センチ位の輪切りにし、皿に1〜2滴しょう油を落とし、少し広げた上に切り口を上にして、なると巻きを並べる。

豆腐のなると巻き

◆ 豆腐のなると巻き

木綿豆腐		1/2丁
くず粉		30g
白炒りごま	（大）	2〜
塩	（小）	1/4
青のり	（小）	1
板のり		1枚
しょう油		少々

〈海藻なます〉

①ふのりは石付やごみを取り除き、ザルに入れ熱湯をかける。

②わかめは塩を洗い落とし千切りにして、ザルに入れ熱湯をかけ、すぐ冷水をかけ水気を切る。

③糸寒天はハサミで3～4センチに切る。小鍋に熱湯を沸かし糸寒天を入れ、ざっとかき混ぜザルに取る。ザルのまま冷水をかけ続けると、ぬめりが取れて、よい固さの寒天になる（手で軽くもみながら冷水をかける）。

④大根、にんじんは千切りにして各々塩をする。

⑤◎をしっかり混ぜ合わせ、糸寒天、ふのり、わかめ、④を和える。

〈桜えびとピーマンのはるさめ炒め〉

①桜えびは粗みじん切り、ピーマンは千切りにする。

②はるさめはハサミで3～4センチに刻んでおく。

③中華鍋にごま油少々をしき、①の桜えび、ピーマンを炒める。

④③が炒まったら取り出し、出し汁、調味料を入れて煮立てる。

⑤煮立ったらはるさめを加え、トロ火で煮、煮汁が減ってきたら③の桜えび、

◆ 海藻なます

糸寒天		10 g
ふのり		5 ～10 g
わかめ（塩蔵）		20 g
大根		5センチ
にんじん（小）		1 / 2本
塩		少々
◎・白ごまペースト（練りごま）	（大）	1.5
・米酢	（大）	3
・ハチミツ	（小）	2
・しょう油	（大）	2 ～

◆ 桜えびとピーマンのはるさめ炒め

桜えび		10～15 g
ピーマン（大）		2ケ
はるさめ		50 g
出し汁		300cc
塩	（小）	1 / 2
酒	（大）	1
しょう油	（大）	1
米酢	（小）	1
ごま油		少々

ピーマンを戻し、混ぜ合わせ、汁気がなくなるまで煮る（焦がさないように）。

〈そば汁〉

①乾そばは、手で2～3センチにポキポキ折っておく。

②生姜はみじん切り、板のりは火でざっとあぶり、細かくちぎる。

③細ねぎは細かい小口切りにし、豆腐は1～1.5センチ角位に切る。

④出し汁を煮立てそばを入れ、やわらかくなったら、豆腐と生姜を加え、しょう油、塩で味付けを（塩の分量に注意。そばに塩分があるので）。

⑤味が整ったら、ちぎった板のり、③の細ねぎを加え火を止める。

※そばはビタミンが豊富で良質の粗蛋白が多く、細胞に活力を与えてくれますが、ゆがいたとき、多くの成分が流されますから、今回のように汁ごと使うとか、そば粉をお好み焼、天ぷら、すいとん等に小麦粉と混ぜて利用することをおすすめします。

◆ そば汁

乾そば	40 g
出し汁	3.5～4カップ
豆腐	1/2丁
板のり	1枚
細ねぎ（or あさつき等）	4～5本
生姜	少々
しょう油	ほんの少々
塩	（小）1/4

春＊2

〈発芽玄米のごはん〉

〈蒸しキャベツのホワイトソースかけ〉

①キャベツは汚れた葉を除き洗って水分をはらう（丸のまま）。
②玉ねぎはみじん切りにし、マーガリンでしっかり炒める。
③その間に桜えびはみじん切りに、パセリはよく水分を拭き取って、細かくみじん切りにする。
④①のキャベツを4～6つ切りにし、蒸気の上がった蒸し器で30～40分蒸す（固い芯の部分もすっかりやわらかくなるように）。
⑤ホワイトソースを作る。②がしっかり炒まったところで小麦粉を入れ、焦がさないようによく炒め、桜えび、パセリの茎の部分を加え再び炒める。そこに豆乳を加え、絶えずかき混ぜながら、塩、こしょう、しょう油で味付けし、パセリの葉の部分を加える。全体に火が通ったら出来上がり（トロッと

◆ 蒸しキャベツのホワイトソースかけ

キャベツ（小～中）	1ケ
玉ねぎ（中）	1ケ
マーガリン	（大）2
小麦粉	（大）2
豆乳	300cc～
桜えび	10g
塩	（小）1
しょう油、こしょう	少々
パセリ（小）	2～3枝

してから、少し煮立ててかき混ぜる）。

⑥蒸し上がったキャベツを器に盛り、⑤のホワイトソースをかける（スプーンで食べるとキャベツがやわらかく、さくっとした感触が楽しい）。

〈ニラ炒め〉

①ニラは洗って、2～2.5センチに切る。

②キクラゲは熱湯で戻し、石付を取り除き千切りにする。

③油揚げは油抜きをして、たて半分に切り、5～6ミリ幅に切る。

④みそとみりんをよく混ぜ合わせておく。

⑤中華鍋かフライパンを熱し、ごま油をしき、ニラの固い部分をまず炒め、葉の部分と、キクラゲも加え、ざっとかき混ぜながら炒める。油揚げを加え、④も加え混ぜ合わせ、焦がさないようトロ火にして、ほんの少し蒸し煮し（フタをして）、全体をもう一度混ぜて火を止める。

〈長芋の酢のもの〉

①長芋は皮をむき、3～4センチの千切りにし、切る端から玄米酢を入れたボールに入れていく。

◆ ニラ炒め

ニラ		2束
油揚げ		2枚
キクラゲ（干）		少々
みそ	（大）	1.5
みりん	（大）	1.5
ごま油		少々

◆ 長芋の酢のもの

長芋		7～8センチ
にんじん		30g
煮ひじき		適量
玄米酢	（大）	1～
しょう油	（大）	1/2～

②にんじんは千切りにして塩をしておく。

③①へ煮ひじき、にんじんを入れ、様子を見ながらしょう油を加え、混ぜ合わせる。

〈じゃがいもの小豆汁〉

①出し汁と共に4～6つ切りにしたじゃがいもを鍋に入れ煮立てる。

②油抜きした油揚げは千切りにする。わかめは塩を洗い落とし、1～2センチに切る。板麸は細かくバリバリ割る。

③じゃがいもに火が通ったら、②の油揚げ、わかめ、板麸を加え、煮小豆も加え煮立ったら、みそを溶き入れる。

※小豆は甘いアンコのイメージが強いですが、甘くしないで料理に使うことで、レパートリーが広がることはもちろんですが、利尿・便秘に効果を発揮しますし、脚気や腎臓病のむくみにも大いに役立ちます。

小豆は洗って3～3.5倍の水と共に鍋に入れ、トロ火で1～1.5時間位煮ると煮小豆になります。冷ましてチルドで保存すれば、1週間は充分いろいろな料理に応用できますから、どんどん使ってください。

◆ じゃがいもの小豆汁

じゃがいも（小）	2ケ
板麸	1枚
煮小豆	2カップ
油揚げ	1/2枚
わかめ（塩蔵）	20g
出し汁	3.5～4カップ
みそ	適量

春＊3

〈発芽玄米のごはん〉

〈グルテンの黄金焼き〉

① 缶から出したグルテンミートは、4～5ミリ厚さに切り、布巾にはさんで、水分を充分取っておく。

② ①のミートに塩を全体にふりなじませる（表裏）。

③ 茶こし等で、小麦粉を②の表裏にまぶす。

④ たまごをよく溶きほぐし、カレー粉を茶こしでふり入れ、よく混ぜ合わせ、しょう油も加えさらによく混ぜる。

⑤ ④へ③を入れ衣とする。

⑥ フライパンを熱し、ごま油を少し多めにしき、⑤を並べ両面を焼く。焦がさないようにきれいな焼きめ程度になるよう、火加減をする。

※ 付け合わせにブロッコリーの塩ゆでの小房2～3をつける。

◆ グルテンの黄金焼き

グルテンミート		1缶
塩	（小）	1/2
小麦粉		適量
たまご		1ケ
カレー粉	（小）	1
しょう油	（小）	1～

〈油揚げとふのりのとろろ和え〉

①油揚げは油抜きをして、たて半分に切り、0.8～1センチ幅位に切り、酒としょう油を煮立てた中で、焦がさないよう煮る。
②ふのりは石付やごみを取り、ザルに入れ熱湯をかける。
③キクラゲは千切りにして小鍋に出し汁と共に入れ、焦がさないように煮る。
④長芋は皮をむきすりおろし、レモン汁をかける。
⑤にんじんもすりおろし、④へ加えて、混ぜ合わす。
⑥⑤へ①、②、③を加え和える。味を見て、足りないようなら少しのしょう油を。

〈キャベツの酢炒め〉

①わかめは塩を洗い落とし、1～2センチに切り、ザルに上げる。
②キャベツは芯を薄くそぎ切りにし、他は2～3センチに切る。
③生姜はみじん切りにする。
④中華鍋を熱し、ごま油をしき、生姜を炒める。キャベツを加え炒め、塩を入れ、わかめも加えて火が通ったら、酢、しょう油を入れ、味を整えて火を止める。

◆ 油揚げとふのりのとろろ和え

油揚げ	1と1/2～2枚
ふのり	10g
戻したキクラゲ	40～50g
にんじん	60～70g
長芋	170～180g
レモン汁	1/2ケ分
出し汁	(大) 1～
酒	(大) 2
しょう油	(大) 1

◆ キャベツの酢炒め

キャベツ	300g～
わかめ（塩蔵）	50～60g
生姜	5～10g
酢	(大) 1～
しょう油	(小) 1～
塩	(小) 1/4
ごま油	(大) 1～

〈納豆汁〉

①ねぎは2～3ミリの小口切りにする。
②納豆は粗く刻む。
③出し汁を煮立て、ねぎを入れ、みそを溶き入れる。
④納豆も出し汁でほぐしながら、③へ加え、煮立ったら火を止める。

〈大根巻き〉

①大根を薄く（満月のように）12～14枚位に切る。
②①を大皿に広げておき、塩を軽く（少し）しておく。
③梅干はタネを取り、梅肉を叩きつぶし、削りぶしを加え、練り混ぜる。板のりはあぶって12～14枚に切る。
④大根がしんなりしたら、布巾などで、そっと水分を拭き取り、板のりをのせる。
⑤③の混ぜ合わせた◎を少しのせ、2つ折りにして、つまようじで留める。
※この大根巻きは、箸休めとしても酒の肴としても重宝しますし、すぐできるのが何よりですね。

◆ 納豆汁

納豆（80～100ｇ）	1包
ねぎ（太）	1～2本
出し汁	3～3.5カップ
みそ	適量

◆ 大根巻き

大根	4センチ位
塩	少々
◎・梅干	（大）1ケ
・削りぶし	（大）2～
板のり	1/2枚

春＊4

〈変わりおやき〉

①くるみはみじん切り、白炒りごまは粗ずりにする。
②そば粉、きな粉、小麦粉、塩をふるって混ぜ、①のくるみ、白ごま、豆乳、水を加え混ぜる。
③フライパンを熱し、油をしき、よく油がなじんだところで、火を小さくして、②をお玉ですくって落とし、焼く（一度に4～5枚ずつ焼く）。
④両面を焼き、網に取り、冷ます。
⑤にんじんジャムをのせて食する。

◇にんじんジャムの作り方

①にんじんは薄切りにして水と共にミキサーにかけ、鍋に入れて少し煮て、ハチミツ、塩を加えさらに煮る。
②レモン汁を加え、さらに水溶きくず粉を加えて火をしっかり通して出来上がり。

◆ 変わりおやき

そば粉	100 g
きな粉	30 g
小麦粉	100 g
水	180～200cc
くるみ	40～50 g
白炒りごま	（大） 2
塩	（小） 1/2
豆乳	180cc

◆ にんじんジャム

にんじん（2本）	350 g 位
水	1カップ
ハチミツ	（大） 3～4
塩	（小） 1/2
レモン汁	1/2ケ分
くず粉	（大） 1
水	20～30 cc

〈うどのごまみそ酢〉

①うどはきれいに洗って、厚めに皮をむき3センチ位の薄切りにする（皮は捨てない）。
②酢水（水1カップに酢小さじ1位）にさっとくぐらせ、ザルに上げる。
③ネギは3センチのぶつ切りにして半分に割り（切り）ざっと塩ゆでし、ザルに上げる。
④みそ、白ごまペースト、酢を混ぜ合わせ、水気の切れた②、③を和える。

〈うどの皮のキンピラ〉……厚めにむいた皮の利用

①皮は繊維に対して直角に千切りにする。
②厚手鍋に油少々をしき、①をよく炒め、火の通ったところで酒としょう油を加え、汁気がなくなるまで炒りつける。

〈ねぎとじゃがいものポタージュ〉

①じゃがいもは皮をむいて薄切りにし、鍋に入れひたひたの水を加えて煮る。
②ねぎはぶつ切りにし、①に火が通ったら、水少々と共に加え、さらに煮る。
③クルトンを作る。

◆ うどのごまみそ酢

山うど（小）	1本
ねぎ（太）	1本
米酢	（大）1
みそ	（大）1
白ごまペースト（練りごま）	（大）1

◆ ねぎとじゃがいものポタージュ

ねぎ	150～200 g
じゃがいも	400～500 g
塩	（小）1～
こしょう	少々
クルトン	適量

④②のねぎもすっかり煮えたら（ねぎの臭気が消える位）少し冷ましてミキサーにかけ、塩、こしょうで味付けする。
⑤器に注いでから、クルトンを3～4ケずつ浮かべる。

◇クルトンの作り方

パンを1～2センチ角に切る。鍋にマーガリン大さじ1～1.5位を（1／2切分位で）入れ、サイコロ状のパンを入れ、トロ火で動かさずに少しおく。そして他の面に返してまた少しおき、どの面もこんがりきつね色になるようゆっくりと焼く。パンがカリッとしてきたら、鍋をゆり動かしているとしっかりしたクルトンができる。

〈小松菜とふのりの和えもの〉

①小松菜はゆがいて水気を切り、ザルに上げる。
②ふのりは石付やごみを取り、ザルに入れ、熱湯をかける。
③みそをボールに入れレモン汁を加え、ハチミツも加え、よく混ぜる。
④小松菜は1～2センチに切り、③へ入れ、ざっと混ぜ合わせる。
⑤④へふのりも加え混ぜる。

◆ 小松菜とふのりの和えもの

小松菜（小）	1束
ふのり	多めの1つかみ
みそ	（大）1
レモン	1/2ケ分
ハチミツ	（小）1/2～1

ねぎとじゃがいものポタージュ

〈春のワンタン〉

①小麦粉、強力粉、塩をふるってボールに入れ、油を加え、混ざったところで水を加えてよく練る。耳たぶ位の固さになったら、ぬれ布巾をかぶせて30分ほどねかせる。

②その間に具とスープの用意を。セリは葉のついた部分と茎の部分（根も）に分け、葉の部分を塩ゆでし、みじん切りにする。茎の方はきれいに洗う。

③生姜をみじん切りにし、②の刻んだセリ、グルテンバーガー、塩と共によく混ぜ合わせる。

④わかめは塩を洗い落とし、千切りにし、ザルに上げる。

⑤にんじんは千切り、えのきだけは石付を切り除き、2～3センチに切り、バラバラにしておく。ねぎは斜め薄切りにする。

⑥出し汁2カップと共に、にんじんを入れ煮立て、ねぎ、えのきだけ、わかめ、調味料を入れ、スープを作り、火を止める。

⑦ねかせておいた①を、粉をふった台の上に出し、めん棒で、左右、前後によくのばし、裏返して粉をふってまた、のばして広げていく。

◆ 春のワンタン

〈皮〉
- 小麦粉　60 g
- 強力粉　20 g
- 紅花油orごま油　（大）1
- 水　（大）3
- 塩　（小）1/4

〈中味（具）〉
- グルテンバーガー　100 g
- セリ or 菜の花　2束
- 生姜　少々
- 塩　少々

〈スープ〉
- えのきだけ　1束
- にんじん　70 g
- ねぎ（太）　1/2本
- わかめ（塩蔵）　10～15 g
- 出し汁　4～4.5カップ
- みりん　（大）1/2
- しょう油　（大）1/2～
- 塩　（小）1/4

⑧たて20、横40センチ余りまでのばし、8等分する（10センチ角位）。
⑨③の具（中味）を8等分し、⑧の皮で包む。ワンタンの皮の中央に具をおき、三角に折り、少しの水をつけて密着させる（適当にしわ付けして）。
⑩残りの出し汁（2〜2.5カップ）を沸騰させ、⑨をくっつかないように入れ、浮き上がってきたら1分位おいて取り出し、⑥のスープの中へ入れていく。全部ゆがき、⑥へ入れ終わったら、ゆで汁も⑥へ加える。ここで火をつけ、温めて味を調整してから火を止める。たっぷりの汁と共に器へ盛り入れる。
※セリの茎（根も）はキンピラに。太いところは2つ割り。おいしいですよ。

〈豆腐のわさびみそかけ〉

①木綿豆腐はしっかり水切りをする（布巾に包んで小さなまな板をのせる）。
②小鍋に◎を入れ、よく混ぜて火にかけ、さらに混ぜながら火を通す。
③①を4等分（厚みを半分にし横半分にする）して、表裏から軽く小麦粉（茶こしを使う）をまぶす。
④フライパンを熱し、油をしき、豆腐両面を焼く（中火以下にして、蒸し焼きの感じにし、中まで火を通す）。各々の皿に盛り、上から②をかけ、さんしょの葉を飾る。

◆ 豆腐のわさびみそかけ

木綿豆腐		1丁
小麦粉		少々
ごま油		少々
◎・みそ	（大）	1強
・出し汁	（大）	1
・酒	（小）	1
・白ごまペースト（練りごま）	（小）	1
・生わさび（すりおろし）		2.5〜3 g
さんしょの葉（飾り用）		4枚

＜蕗ののり巻き＞

①◎をしっかり混ぜ合わせる。

②板のりは、さっと火であぶり半分に切り、4～5本ずつ蕗を並べ、①の合わせみその1／2量を丁寧に蕗の上にぬりつけるようにおく。

③②を端から巻き、巻き終わりはしょう油少々でのり代わりにする。

④1本を8つに切り、切り口を上にして器に盛る。

＜蕗の葉の炒めもの＞

①生姜はみじん切り、蕗の葉は粗みじん切りにする。

②鍋にごま油少々をしき、生姜とちりめんじゃこを炒める。

③②がカリカリとした感じになったら、蕗の葉を加え、酒も加えて、炒りつけて、味を見、しょう油で味を整え、火を止める。

※蕗はきれいに洗って塩をふり、板ずりをする（仕事がやりやすいように大きな鍋の直径弱に切る）。大きな鍋で塩ゆでし、水にさらし、水の中で皮をむき、水を切る。
蕗の葉はきれいに洗って（白い筋の部分は除けて）ゆがき、水にさらし（4～5回水をかえる）、固くしぼる。

◆蕗の葉の炒めもの

ゆがいて固くしぼった蕗の葉	1にぎり分
生姜	1片
ちりめんじゃこ	30g～
酒	（大）1～2
しょう油	少々
ごま油	少々

◆蕗ののり巻き

ゆがいた蕗（中位のもの）		8～10本
板のり		1枚
◎・みそ	（大）	1
・白ごまペースト（練りごま）	（大）	1
・削りぶし	（大）	1～

春＊6

〈発芽玄米のごはん〉

〈たまごの巻き蒸し〉

①たまご、水、片栗粉、塩をよく溶きほぐし、混ぜ合わせる。

②大きめのフライパンを熱し、よくなじませるよう油をしき、薄焼きたまごを2枚焼いておく。

③にんじんは0.7～0.9ミリ角の棒状に切り、ほんの少しの塩とひたひたの水と共に鍋に入れ、煮ておく（水分がなくなるよう、焦がさないよう）。

④桜えびは細かいみじん切りにし、片栗粉、酒、生姜汁、塩と共に混ぜ合わせ、白ごまペーストも加えさらによく混ぜる。

⑤②のたまごを四角に切りそろえ、板のりもそれに合わせて切る。

⑥水でぬらして固くしぼった布巾の上に⑤のたまごをのせ、片栗粉を軽くふりかけ、板のりをのせ、さらに片栗粉をふりかける。

◆ たまごの蒸し巻き

たまご	2ケ
片栗粉、水	各（小）2
塩	少々
板のり	2枚
にんじん（大）	たてに切って1/2本
塩	少々
桜えび	20g
白ごまペースト（練りごま）	（大）1.5
塩	（小）1/2
生姜汁	（小）1
片栗粉、酒	各（大）2
油	少々
他に片栗粉	適量

⑦⑥へ④を2等分して各々にのせ、手でそっと押さえながらのばし広げる。
⑧中央に③のにんじんを4～5本（全体量の半分ずつ）のせ、すし巻きの要領で巻き、巻き終わりに片栗粉をつけて閉じておく。
⑨固くしぼったぬれ布巾で⑧を包んで形を整えて、蒸気の上がった蒸し器で（強火）10分蒸し、冷ましてから8～10ケに切って、切り口を上にして盛りつける。

〈菜の花のおひたし〉

①菜の花は色よくゆがき2～3センチに切る。
②しょう油大さじ1～1.5に米酢を加え、混ぜ合わせる。
③〈たまごの巻き蒸し〉のところで切り取った薄焼きたまごを千切りにして、①と共に②で和える。

〈バーガー団子のスープ〉

①にんじんは千切りにし、塩を洗い落としたわかめは1センチぐらいに刻みザルへ。
②ねぎは2～3ミリの小口切りにし、生姜はすりおろす（小さじ1～1.5位）。
③出し汁とにんじんを鍋に入れ煮立てる。その間にバーガー団子を作る。◎

◆ 菜の花のおひたし

菜の花（花がつぼみのもの）		1束
しょう油	（大）	1～1.5
米酢 or レモン汁	（小）	1

◆ バーガー団子のスープ

にんじん（小）		1/2本
わかめ（塩蔵）		40～50g
ねぎ（太）		1/2本
出し汁		3～3.5カップ
みりん、しょう油		各少々
塩	（小）	1/2～
◎・グルテンバーガー		1/2缶
・片栗粉	（大）	1.5
・小麦粉	（大）	1.5
・塩	（小）	1/4
・生姜		1片
・削りぶし	（大）	1

け、ぎゅっと押さえながら団子にする。
④③が煮立ったら、みりん、しょう油、塩を加え、煮立て、わかめ、ねぎを入れ再び煮立ったら、③の団子をどんどん入れ、全部入れたら、煮立っているのを確認してから火を少し小さくして3分位煮る。味を見て、加減し火を止める。

〈蕗と長芋の和えもの〉

①ボール等でみそと酢をよく混ぜ合わせ、削りぶしも加えさらに混ぜておく。
②蕗は斜め薄切り、長芋は皮をむいて千切り（やや太目）にする。
③①へ②を入れ、和える。
④板のりを火でざっとあぶり、千切りにする。
⑤③を各々の器に盛り、④を散らす。
※蕗のゆがき方は54ページ参照

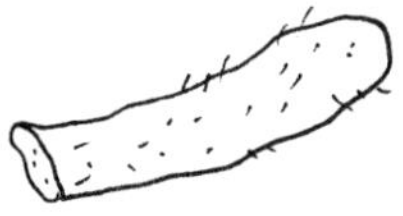

◆ 蕗と長芋の和えもの

蕗（ゆがいたもの、細いもの ）	10～15本
長芋（太いもの）	10センチ
削りぶし	（大） 2～
みそ	（大） 1.5
酢	（大） 1
板のり	1/2枚

春＊7

〈発芽玄米のごはん〉

〈たけの子と小松菜のたまごとじ〉

①たけの子は根の方から薄切りにして（繊維に直角に）、さらに太めの千切りにし、鍋にひたひたの出し汁を加えて煮立てる。みりん、しょう油を加え汁気がなくなるまで煮る。

②小松菜は洗って水を切り、3センチ位に切り、葉の部分と茎の部分に分けておく。

③たまごは溶きほぐす。

④フライパンにごま油をしき、②の小松菜の茎の部分、たけの子を炒め、次に、小松菜の葉の部分を加え、みりん、しょう油で様子を見ながら味付けし（みりん1：しょう油1の割合）、溶きたまごを回しかけて、少し火を通す。

〈たけの子の木の芽和え〉

①たけの子は食べやすい大きさに切り、熱湯の中に入れ、ざっと火を通し、

◆ たけの子と小松菜のたまごとじ

たまご		2ケ
たけの子（ゆがいたもの）		200ｇ～
小松菜		1束
たけの子煮用		
・みりん	（大）	1/2～
・しょう油	（大）	1/2～
・出し汁		1カップ～
ごま油		少々

◆ たけの子の木の芽和え

ゆがいたたけの子（やわらかい部分）		180～200ｇ
さんしょの葉		20～30枚
白みそ	（大）	1
みそ	（大）	1
酢	（大）	1～1.5

ザルに上げておく。

②さんしょの葉はスジを取り、細かく刻んですり鉢でしっかりすりつぶす。

③②へみそ、酢を加え、よく混ぜ合わせ、①のたけの子を和える。

〈たけの子とわかめの煮物〉

①たけの子の根の方は薄いイチョウ切りにし、先の方は適当に切る。

②鍋に①を入れ、出し汁、しょう油、みりん、酢を加えて煮る（トロ火で）。

③塩を洗い落としたわかめは2～3センチに切り、汁気の減ってきた②へ加え、上下左右にゆり動かして煮汁が均等にかぶったら、さらにトロ火のままで、落としぶたをして汁気がなくなるまで煮る。

〈たけの子とちりめんじゃこの炒めもの〉

①たけの子は太めの千切りにする。

②フライパンを熱し、ごま油をしき、ちりめんじゃこを炒める。

③②へ①のたけの子を加え、しょう油と酢を加え、ざっと混ぜ、炒める。青のりを加えて、さらに混ぜ合わせてから火を止める。

◆ たけの子とわかめの煮物

ゆがいたたけの子（中）	1本
わかめ（塩蔵）	50 g
出し汁	1.5～2カップ
みりん、しょう油	各（大）1～1.5
酢	（小）1

◆ たけの子とちりめんじゃこの炒めもの

ゆがいたたけの子	150 g
ちりめんじゃこ	50 g
青のり	（大）1/2
しょう油	（小）1
酢	（大）1～
ごま油	少々

〈しらたきの吸いもの〉

①しらたきは4～5センチに切り、ゆがいてザルに上げる。
②さんしょの葉はきれいに洗って水気をふいておく。
③出し汁を煮立て、塩、しょう油で味付けし、しらたきを入れ、煮立ったら碗に入れさんしょの葉を浮かす。

◇たけの子のゆがき方

①皮のまま水洗いして泥を落とし、先の方を斜めに切り落とし、皮の上から1本、包丁目を入れる。
②大きい鍋にたけの子が充分かぶる位の水を入れ、玄米（あるいは米ぬか）ひとつかみと、たかの爪（トウガラシ〈乾〉）を入れ、落としぶたをしてやわらかくなるまでゆでる。根の固い部分に竹ぐしをさしてみて、すーっと通るようになればよい。
ゆがき上がったら、そのまま（鍋に入ったまま）冷ます。
③すっかり冷めたら、皮をむき、水洗いする。保存するときは、きれいな水の中に入れて、器ごと冷蔵庫へ。毎日、水を取り替えると日持ちします。
※せっかくゆがくのですから、鮮度のよい（朝掘り）ものを使いましょう。

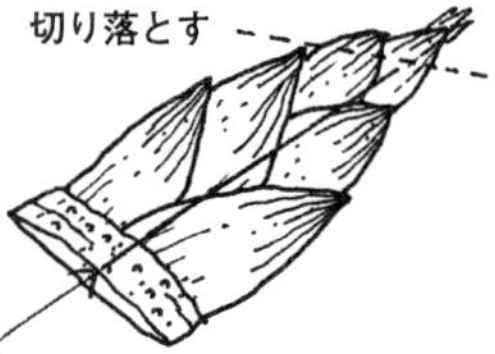

◆ しらたきの吸いもの

しらたき	1/2袋
さんしょの葉	4～5枚
昆布とかつおの出し汁	3.5カップ
しょう油、塩	適量

春＊8

〈カレー蒸しパン〉

①強力粉、小麦粉、黒ざとう、塩をふるって、生種、水と共に練り合わせる。しっかり練り、ときどき叩き、10分位練るとなめらかになるので、30℃位で2時間ほど発酵させる。

②発酵させている間に、中の具（カレー）を作る。

③玉ねぎ、にんにくはみじん切りにして、ごま油（大さじ1）で、しっかり炒める。玉ねぎがペタペタして量がうんと減ってきたら、グルテンバーガーを加えて炒め、さらにトマトジュースを加え、レーズン、カレー粉も加え、トロ火で煮る。

④③が煮立ったら、おろし生姜を加え、煮込む。トロ火で少し煮たら塩を加え、味を見ながらしょう油を加え、トロッとしてよい味になったら、火を止め、冷ましておく。

⑤発酵した①のパン種を8ケに分けて丸く広げ、④を（8等分）中央におき、

◆ カレー蒸しパン

〈パン種〉

・強力粉		400 g
・小麦粉		100 g
・水		270cc
・生種 （作り方は33ページ）	（大）	2.5
・黒ざとう	（大）	2
・塩	（小）	1/2

〈中味（具）〉

・トマトジュース		1缶
・レーズン		40～50 g
・おろし生姜	（小）	1.5～
・にんにく	（大）	1片
・カレー粉	（大）	1.5～2
・玉ねぎ（中）		2ケ
・グルテンバーガー		1缶
・塩	（小）	1
・しょう油	（大）	1/2

他にごま油少々

具がとび出さないよう、きっちり包む。（包んでいく間に発酵（第二発酵）しますから、大皿に油をしき、くっつかないように並べておく）。

⑥蒸気の上がった蒸し器で、（強火）13～15分蒸す。蒸し器の大きさによって2～3ケずつ、先に包んだものから蒸す。蒸し上がったら金網の上で冷ます（残ったら冷凍し、蒸し直していただきましょう）。

〈根ミツバと豆腐のみそ汁〉

①根ミツバはきれいに洗い、根っ子の部分は切り取る（捨てない）。他の部分は2～3センチに切る。

②豆腐は1.5～2センチ角に切る。

③鍋に出し汁を煮立て、豆腐を入れ、再び煮立ったらみそを溶き入れ、ミツバを加えて火を止める。

※根ミツバの根っ子は（よく洗って）2～3センチに切り、ごま油少々で炒め、酒としょう油を（同量）加えて炒りつけキンピラにする。香りのよいおいしいキンピラになります。

◆ 根ミツバと豆腐のみそ汁

根ミツバ	1/2～1束
豆　腐	1/2丁
出し汁	3～3.5カップ
みそ	適量

〈車麩とキクラゲの煮物〉

① 車麩は素揚げしておく。キクラゲは熱湯で戻し石付を取り、5ミリ位に切る。

② ごぼうは7ミリ位の厚さで斜め切りにし、鍋に出し汁とごぼうを入れ煮る。

③ ごぼうに火が通ったところで、みりん、しょう油を加え、煮立ったら、①の車麩を加え、上、下かえして、①のキクラゲも加えて落としぶたをしてトロ火で汁気がなくなるまで煮る。

※ 車麩は、揚げものをしたときに素揚げにしておいて冷蔵し、利用すると簡単にできます（4～5日位で使ってください）。

〈はりはり漬け〉

① 切り干し大根はほぐしてボールに入れ、熱湯をかけ、ザルに取り水気を切る。にんじんは千切りにし、塩少々し、生姜は細い千切りにする。

② 昆布はハサミで千切りにする。酒、酢、しょう油を小鍋に入れ、煮立たせ、冷ます。

③ 昆布を②へ入れ、次に①の切り干し大根も入れ、にんじん、生姜を加え、よく混ぜて1時間ほどおく（冷蔵庫で4～5日おいしく食べられます）。

※ 箸休めとしてもよい一品です。

◆ 車麩とキクラゲの煮物

車麩	4枚
キクラゲ（干）	10g位
ごぼう（中）	1本
出し汁	2カップ～
みりん	（大）1.5
しょう油	（大）1

◆ はりはり漬け

切り干し大根	40g
にんじん	80g
生姜	10gほど
昆布（7～8センチ角）	1枚
酒	（大）1.5
酢	（大）1.5
しょう油	（大）2

春＊9

〈菜めし〉

①大根葉はゆがいて固くしぼり、5～6ミリに刻み、塩小さじ1／2で軽くもむ。熱湯の中へちりめんじゃこを入れ、ざっと火を通し、すぐザルに取る。

②油揚げは油抜きしてみじん切りにする。ごまは粗ずりにする。

③飯台に玄米ごはんを入れ、①、②を混ぜ合わせ、冷ます。碗に盛り、中央にゆかりを散らす。

〈凍豆腐のはさみ揚げ〉

①戻した凍豆腐を煮立てた◎の中に入れ、トロ火で汁気がなくなるまで焦がさないよう、煮含める（落としぶたをするとよい）。

②にんじん、生姜はすりおろす。青ねぎは5～6ミリの小口切りにする。

③②とグルテンバーガーをしっかり混ぜ合わせ、片栗粉小さじ1も加え、塩少々も入れ混ぜ、4等分にする。

④板のりは、たて長に半分に切る（2枚が4枚に）。

⑤①に茶こしなどで片栗粉を両面にまぶす。

◆菜めし

大根葉（小）	1束 or 1本分の葉
ちりめんじゃこ	30ｇ
油揚げ	1枚
白炒りごま	（大）1
玄米ごはん	4～5カップ
（はと麦・餅きび入り）	
他にゆかり少々	

◆凍豆腐のはさみ揚げ

凍豆腐（薄いもの）	8枚
にんじん	50ｇ
土生姜（すりおろして）	（小）1
板のり	2枚
グルテンバーガー	80ｇ
◎・出し汁	1カップ
・みりん	（大）1
・しょうゆ	（大）1
青ねぎ（細いもの）	2～3本
片栗粉	（小）1
塩	少々

⑥⑤の凍豆腐2枚で、③をサンドイッチ状にはさみ、のりで巻く。

⑦180℃位の油で、⑥を揚げる。少し冷ましてから、1ケを3ケに切り分け、切り口を上にして皿に盛る。

〈納豆の木の芽和え〉

①にんじんは4～5ミリ角に切り、ひたひたの水と共に煮る（汁気をとばす）。

②納豆は小粒はそのまま、大粒は粗切りにし、チーズは5～6ミリの角切りに。

③さんしょの葉は粗みじんに切ってから、すり鉢でしっかりすりつぶす。

④③へみそ、酢を加え、よく混ぜて味を整える。

⑤納豆をよくかき混ぜ、にんじん、チーズを加え混ぜ、④で和える。

※木の芽はもちろん、青菜などどんどん出まわる季節、大いに使いましょう。

〈カナダ風スープ〉

①パセリは葉と茎に分け、茎の部分を細かく刻む。

②玉ねぎ、にんにくはみじん切りにし、鍋に、ごま油、マーガリンをしき、よく炒める。

◆納豆の木の芽和え

納豆	1包
さんしょの葉	30枚位
みそ（白）	（大）1
みそ（赤）	（大）1
チーズ	50～60g
にんじん	50～60g
酢orレモン汁	（大）1

◆カナダ風スープ

パセリ	5～6枚
にんじん（中）	2本
にんにく	1片
玉ねぎ（大）	1ケ
キャベツ（大）	2枚
じゃがいも（大）	1ケ
トマトジュース	1缶
ごま油、マーガリン（両方で）	（大）1.5
塩	（小）1/2～
こしょう	少々
水	2.5～3カップ

③②へ①のパセリの茎も加えさらに炒める。
④その間ににんじん1本分を4～5ミリの輪切りにし、キャベツは固い部分は薄く切り、葉は乱切りにする。
⑤③がよく炒まったところで、④を次々と加え、炒め、水を加え、ことこと煮る。
⑥別に、じゃがいもは大きめのサイコロ状に、残りのにんじんは、じゃがいもより少し小さなサイコロ状に切り、ひたひたの水と共に煮ておく。
⑦よく煮た⑤を少し冷ましてトマトジュースと共にミキサーにかけ、鍋に戻す。⑥を汁ごと加え、塩、こしょうで味付けしてからスープ皿に注いで、みじん切りにしたパセリの葉少々を散らす。

春＊10

〈発芽玄米のごはん〉

〈桜えびのテリーヌ〉

①寒天は1時間以上水に浸しておく。
②玉ねぎ、桜えびはみじん切りにする。
③玉ねぎをごま油（大さじ1）でしっかり炒める。桜えびを加えて炒め、小麦粉を加えて焦がさないよう炒め、豆乳を加えて絶えずかき混ぜながらホワイトソースを作る。トロッとしてきたら、塩、こしょうを加え、さらによく混ぜて火を止め、パセリのみじん切りを加え、ざっと混ぜる。
④①の寒天をしぼってちぎり、分量の水を加えて火にかけ、ふきこぼさないよう煮溶かす。
⑤きれいに溶けたら、火を止める。流し缶を用意し、水でぬらしておく。
⑥③のホワイトソースと、少し冷ました⑤を混ぜ合わせ、流し缶に流し入れ、

◆桜えびのテリーヌ

桜えび	15g
玉ねぎ	1ケ
小麦粉	（大）1
豆乳	250cc
塩	（小）1
こしょう	少々
棒寒天	1本
水	300cc
パセリ（みじん切り）	（大）1
付け合わせ	キウイフルーツ ゆがきブロッコリー

桜えびのテリーヌ

冷やし固める。
⑦固まったテリーヌを10～12切（たて半分に切ってから切ると仕事がやりやすい）に切り、皿に並べる。
⑧皮をむいて適当に切ったキウイフルーツ、塩ゆでしたブロッコリー（小房に分けて）を付け合わせに、形よくテリーヌと共に並べる。

〈青菜としめじのくるみ和え〉

①青菜はゆがいて水気を切り2～3センチに切る。
②しめじは石付を取り2～3つに切り、鍋に入れる。酒をふりかけトロ火で蒸し、汁が出てきたら、火を大きくしてざっと煮る（水分をとばす）。
③くるみは粗みじん切りにし、すり鉢ですり、みそ、酢を加えて混ぜ、削りぶしも加えて混ぜ、①、②を混ぜ、和える。

〈板麩とわかめのみそ汁〉

①わかめは塩を洗い落とし2～3センチに切る。
②板麩は手で適当に割る。
③出し汁を煮立て、②の板麩を入れ、わかめを加える。

◆ 青菜としめじのくるみ和え

青菜（小松菜・春菊など）		1束
しめじ		1袋
くるみ		40g
みそ	（大）	1
酢	（大）	1/2
削りぶし	（大）	3
他に酒	（大）	1～2

◆ 板麩とわかめのみそ汁

板麩	1枚
わかめ（塩蔵）	30g
みそ	適量
出し汁	3～3.5カップ

④板麩がふんわりしたら、みそを溶き入れる。

〈長芋サラダ〉

①フレンチドレッシングを作る（30ページ参照）。

②長芋は、0.8〜1センチ角に切り、①のドレッシングの中へ入れる。

③にんじんは5〜6ミリ角に切り、小鍋にひたひたの水と共に入れ煮る（水分をとばす）。

④セロリも5〜6ミリ角に切り、塩少々をし、煮ひじきは1センチ位に刻み、パセリはみじん切りにする。

⑤①へ③、④を入れ、混ぜ合わせる。

◆長芋サラダ

長芋	5〜6センチ
にんじん	4〜5センチ
煮ひじき	少々
セロリ（中）	1/2本
パセリ	2〜3本
フレンチドレッシング	適量

〈フレンチトースト〉

①よく溶きほぐしたたまごと豆乳を混ぜ合わせ、バットに流し、食パンの全面に液がしっかりしみ込むよう浸しておく。

②カレーソースを作る。玉ねぎはみじん切りにして、しっかり炒める。

③その間ににんじんはすりおろす。パセリは洗って、水気を切って（布巾でよく水分を取る）、みじん切りにする。

④②の玉ねぎがしっかり炒まったら、すりおろしたにんじんを加え、ざっと炒め、グルテンバーガーも加えて炒め、水を加えて煮る。煮立ったら、トロ火で少し煮て、塩、カレー粉、しょう油で味付けする。

⑤フライパンを熱し、マーガリンをざっと溶かし、①を入れて、トロ火で両面を焼く。

⑥各々の器に入れ、カレーソースをのせ、パセリのみじん切りを散らす。

〈青菜の梅肉和え〉

①小松菜はゆがいて冷水に取り、水気をしぼり、2～3センチに切る。

◆ フレンチトースト

食パン（全粒粉のもの）	4枚	カレーソース	
豆乳	200～300cc	・玉ねぎ（大）	1ケ
たまご	1ケ	・にんじん（小）	1本
パセリ	1枝	・グルテンバーガー	1/2缶
マーガリン	（大）1～2	・水	（大）　2～
		・塩・カレー粉	各（小）1
		・しょう油	（大）1/2～

②キャベツもざっとゆがき、汁気をしぼり、2～3センチに切る（長さは4～5センチ位）。しょう油と梅肉ダレを混ぜ合わせる。

③①、キャベツ、煮ひじきをタレで和える。味を見て、しょう油を加減。

◇梅肉ダレの作り方……これを作っておき、いろいろに利用しましょう。

①梅干（3～4ケ位）の果肉を取り、細かく刻み、叩きつぶし、出し汁、米酢、しょう油と共に小鍋に入れ、よくかき混ぜてから火にかけ、煮立てば、水溶き片栗粉を混ぜながら加え、火をしっかり通し、火を止める。

②冷ましてから冷蔵し、使用する（しょう油、出し汁等でのばすのもよい）。

〈海藻の酢のもの〉

①昆布は千切りにし、酒大さじ2と共に小鍋に入れ、煮切る。

②糸寒天はハサミで3～4センチに切り、熱湯に入れ、ざっとかき混ぜて、すぐザルに取り、冷水をかけながら手でしっかり混ぜる。サラサラしてきたら、水気を切る。大根は千切りにして塩をする。

③ふのりは石付やごみを取り除き、ザルに入れてざっと熱湯をかける。

④レモン汁、ハチミツ、しょう油を混ぜ合わせ、①の昆布、②の大根、寒天、

◆ 青菜の梅肉和え

小松菜		1/2束～
キャベツ（大）		2枚
煮ひじき		少々
しょう油	（大）	1/2～
梅肉ダレ	（大）	1

◇ 梅肉ダレ

梅肉（つぶして）	（大）	2
出し汁	（大）	3
米酢、しょう油	各（大）	1
片栗粉、水	各（大）	1

◆ 海藻の酢のもの

出しを取った後の昆布		1枚
ふのり		10g
糸寒天		15g
大根（細めのもの）		3～4センチ
レモン汁		1/2ケ分
ハチミツ		少々
しょう油	（大）	1/2～

③のふのりを加え、混ぜ合わせる。

〈はるさめの炒め煮〉

①はるさめはハサミで3～4センチに切る（このとき、大きめのボールを用意し、この中で切るとはるさめが、とび散りにくく、仕事がしやすい）。

②セロリは粗みじん切り、生姜は細かいみじん切り。桜えびは粗みじん切り。

③鍋にごま油少々をしき、セロリを炒め桜えび、生姜も加えて炒める。

④③へ出し汁を加え煮立ったら、調味料を加え、再び煮立ったら、①のはるさめを加え、ざっと混ぜ、トロ火にして汁気がなくなるまで煮る（案外、はやく水分がなくなるので、焦がさないように）。

◆ はるさめの炒め煮

はるさめ	80ｇ
セロリ（中）	1本
生姜（小）	1片
桜えび	10～15ｇ
出し汁	400cc
塩	（小）1/2
しょう油	（小）1～
酢	（小）1

春＊12

〈発芽玄米のごはん〉

〈大豆のカレー煮〉

①玉ねぎはみじん切りにし、ごま油少々でしっかり炒める。

②その間ににんじんは、1センチ位のサイコロ状に切り、しめじは1〜1.5センチに刻み、セロリもにんじんよりやや小さめに切る。

③①がしっかり炒まったら、にんじんを加え炒め、セロリも加えて炒め、しめじも加えて、グルテンバーガーも加えて炒め、大豆も加えて炒める。

④③へ出し汁を加えて煮立ったら、トマトジュースを加え、トロ火で煮込む。野菜に火が通ったらカレー粉をふり入れてなじませ、塩も加えて煮込み、味を見てよければ、パン粉を加えて混ぜ合わせ、なじんだら火を止める。

◆ 大豆のカレー煮

煮大豆		1.5カップ
玉ねぎ		1ケ
にんじん（小）		1本（100ｇ位）
グルテンバーガー		1/2缶
しめじ		1袋
カレー粉	（小）	1.5
トマトジュース		1缶
塩	（小）	1〜
パン粉	（大）	4〜5
セロリ（中）		1/2〜1本
出し汁		50cc〜

〈青菜のおひたし〉

①小松菜はゆがいて水気をしぼり2～3センチに切る。
②煮ひじき、松の実と共に◎で和え、削りぶしも加え、ざっと混ぜる。
※青菜は熱湯へ塩少々を入れ、ゆがき（ゆがき過ぎないよう）、冷水に取る。2～3度水を取り替え、水気をしぼってザルに取る（根の方から熱湯に入れ、広げるようにして、全体が湯に浸るようにゆがく）。

〈グリンピースのくずとじ〉

①グリンピースは熱湯でゆがき、ザルに上げ水を切り、塩少々をふる。
②はるさめは熱湯で5～6分ゆがき、冷水に取る。3～4センチに切り、ザルに上げ水を切る。
③くず粉を1／2カップ（分量の半分）の出し汁で溶いておく（水どきくず粉の要領）。
④小鍋にグリンピース、ちりめんじゃこ、はるさめを入れ、残りの1／2カップの出し汁を加え煮立てる。味を見てしょう油で整えて、③を混ぜながら加え、火をしっかり通す。

グリンピースのくずとじ

◆ 青菜のおひたし

小松菜	1/2束
煮ひじき	適量
松の実	10～15g
削りぶし	1つかみ
◎・しょう油	（大）1
・レモン汁	（小）1

◆ グリンピースのくずとじ

グリンピース	80～100g
はるさめ	15g
ちりめんじゃこ	（大）3～
しょう油	少々
出し汁	1カップ
くず粉	（大）1

※エンドウ豆（グリンピース）は、さやから出したらすぐ使いましょう。時間の経過と共に劣化します。

〈カブと油揚げのみそ汁〉

①油抜きをした油揚げはたて半分に切り、それを千切りにする。

②カブは葉と根っ子に分け、葉（茎も）は1センチ位に刻む。根っ子の方は4つ切りにする。

③板のりは、細かく手でちぎっておく。

④出し汁とカブの根っ子を鍋に入れ、煮立ったら1～2分煮て（カブに火が通ればよい）、油揚げと茎、葉を入れ、板のりも入れ、みそを溶き入れる。

◆カブと油揚げのみそ汁

カブ（中）	2ケ
油揚げ	1/2枚
板のり	1枚
出し汁	3～3.5カップ
みそ	適量

春＊13

——豆乳を使って——

〈ごぼうのパイ〉……21センチ位の型

①ごぼうはささがきにして、ごま油で、油がよく回るまで炒める。

②玉ねぎは薄切りにして①へ加え炒める。その間にカシューナッツは1粒を3つ位に刻んでおく。

③玉ねぎが炒まったところで、こしょう少々をふり、酒を加えてトロ火で蒸し煮にする。汁気がなくなったら火を止め、②のカシューナッツを加え混ぜ合わせる（冷ましておく）。

④パイ生地を作る。ボールにマーガリンを入れよく練り、ふるった小麦粉を加え混ぜ込み、サラサラしてきたら氷水を加え練り、まとめる。めん棒でのばしてタルト型にきっちり詰める。フォークで数ヶ所穴をあける。

⑤◎をしっかり混ぜ合わせる（みそがきれいに混ざること）。

⑥④へ③をしきつめ、上から⑤を均等にかけて、200℃のオーブンで30分焼く（オーブンは温めておく）。15～20分焼いたところで表面を見て、焦げすぎな

◆ごぼうのパイ

ごぼう（太）		1本（200ｇ～）
玉ねぎ（中）		1ケ
カシューナッツ		70～80ｇ
こしょう		少々
酒	（大）	2～3
ごま油	（大）	1～
〈パイ生地〉		
・小麦粉		220ｇ
・マーガリン		70ｇ
・氷水	（大）	4
◎・豆乳		200cc
・たまご		1ケ
・みそ	（大）	2
・削りぶし	（大）	2～3

いようアルミホイルをかぶせ、じっくり焼く。少し冷まして型から出し切り分ける。

〈わかめとにんじんのサラダ〉

①フレンチドレッシングを作る（30ページ参照）。

②わかめは塩を洗い落とし、1.5～2センチに刻み、熱湯をかけ冷水に取り、すぐザルに上げ水を切る。

③にんじんはすりおろす。①、②、③を混ぜ合わす。

〈そら豆と桜えびのクリーム煮〉

①そら豆は外皮をはぎ、塩ゆでし、内皮もむいておく。

②玉ねぎはみじん切り、桜えびも粗みじん切りにする。

③鍋にごま油とマーガリンを入れ、玉ねぎをしっかり炒める。

④③がよく炒まったところで、桜えびを加えて炒め、小麦粉をふり入れ、炒める。豆乳を加えて、絶えずかき回しながら煮立ててから、塩、こしょうを加え、味を見て、①のそら豆を加え、煮立ったら火を止める。

◆ わかめとにんじんのサラダ

にんじん（大）	1本
わかめ（塩蔵）	50g
フレンチドレッシング	適量
(作り方は30ページ)	

◆ そら豆と桜えびのクリーム煮

桜えび		15g
そら豆		500～700g
玉ねぎ		1ケ
豆乳		300～400cc
小麦粉	（大）	2～2.5
マーガリン	（大）	1
ごま油		少々
塩、こしょう		適量

〈パンプディング〉

①レーズン、クコの実は湯で洗って、ワインに漬けておく（ひたひた）。
②白炒りごまは、すりつぶす（油が出ない程度に）。
③ボールにたまごをほぐし、ハチミツを加えよく混ぜ、塩も加えよく混ぜ、豆乳、シナモンも加えさらに混ぜる。
④耐熱性の器にマーガリンをぬり、パンを一口大にちぎって、しきつめる。
⑤④のパンの上に②の白ごまを全体にふりかける。
⑥⑤へ③を全体に丁寧にかけ入れ、レーズン、クコの実を散らす。
⑦温めておいたオーブンで25～30分焼く（170℃）。
⑧冷ましてから切り分ける。

◆ パンプティング

パン		200～230 g
たまご		4ケ
豆乳		250～300cc
ハチミツ	（大）	2
塩	（小）	1/2～
レーズン		50 g
クコの実		10 g
白炒りごま	（大）	3
ワイン（赤白どちらでも可）		少々
シナモンの粉		少々

春＊14

〈発芽玄米のごはん〉

〈板麩の青菜巻き〉

①びしょびしょにぬらした布巾の間に板麩をはさんで、しっかり戻しておく。
②青菜はゆがき、水気を切り固くしぼって、しょう油少々をふりかける。
③玉ねぎは半分に切り、薄切りし、ごま油で炒め、塩（小）1／2としょう油で味付けし、炒める。割りほぐしたたまごに塩（小）1／2を加えよく混ぜる。
④①の板麩の水分を布巾で軽く押さえ、破らないように切り開く。
⑤まな板の上に板麩を広げ、茶こし等で小麦粉少々をふり、③の玉ねぎを手前はきっちり、前方は3～4センチ残してすしめしのように広げる。②の青菜を芯にして、のり巻きの要領で巻き、巻き終わりは小麦粉で閉じる。
⑥⑤の表面も茶こし等で小麦粉少々をまぶし、③のたまご液の中でころがして衣としてたっぷりつける。

◆ 板麩の青菜巻き

板麩	2枚
玉ねぎ（中～大）	1ケ
小松菜（春菊、大根葉など）	1/2束
たまご	1ケ
小麦粉	適量
塩	（小） 1
しょう油	（大） 1/2

他にしょう油少々、ごま油適量

⑦フライパンにやや多めのごま油をしき、巻き終わりを下にして焼き、薄い焦げめがついた頃、少しずつころがして全体を焼く。
⑧少し冷まして、6~8つ切りして、切り口を上にして器に並べる。

〈切り干し大根の酒煮〉

①切り干し大根はぬるま湯で2~3回洗って水を切り、ザルに上げる。
②にんじんは千切りにし、塩少々をしておく。
③ミツバは葉の部分と茎とに分け、葉の方は1センチ位に刻み、茎の方は5~6ミリ位に刻む。くるみは粗みじんに切る。
④鍋に酒を煮立て、切り干し大根を入れ煮る（火は小さくして）。
⑤切り干し大根に火が通ったら、ちりめんじゃこ、ミツバの茎を加え、くるみも加える。②のにんじんも加え、レモン汁を加えてから味を見て、しょう油で味を整える。ミツバの葉の部分を加えてざっと混ぜて、火を止める。

〈蒸しカブのみそマヨネーズ〉

①カブは葉と根に分けて、葉の方はゆがき3センチ位に切る。根の方は丸ごと蒸す（案外早く蒸し上がるので注意）。

◆切り干し大根の酒煮

切り干し大根	20~30g
にんじん	50~60g
ちりめんじゃこ	30g
根ミツバ	1束
くるみ	20g
レモン汁（小）	1/2ケ
しょう油	少々
酒	（大）2~3

◆蒸しカブのみそマヨネーズ

カブ	1束
キクラゲ（干）	10g
細ねぎ	2~3本
ソィーマヨネーズ	1/2カップ~
(作り方は29ページ)	
削りぶし	1/3~1/2カップ
みそ	（大）1~
他に酒（大）2~3	

②キクラゲは熱湯で戻し（戻ったらすぐ水に取り、ザルへ）。石付を取り（大きさによって切り分ける）、小鍋に酒と共に入れ汁気がなくなるまで煮る。
③細ねぎは2～3ミリの小口切りにし、みそ、削りぶしと共にソィーマヨネーズに加え、よく混ぜる。
④蒸したカブは4～6つ切りにし、皿にキクラゲ、カブ、カブの葉を盛りつけ、③のみそマヨネーズを添える。

〈セロリとこんにゃくのくるみ和え〉

①こんにゃくは薄い千切りにし、ゆがいてザルに上げる。
②セロリはきれいに洗って、薄く小口切り。くるみは粗切りしてから、すり鉢でしっかりする。小鍋に◎を入れ煮立て、冷ます。
③すり鉢のくるみへ冷ました◎を入れ、梅肉エキスも加え、よく混ぜ合わせる。
③へこんにゃく、セロリを入れて和える。

◇セロリの葉のつくだ煮

セロリは手に入ったら、すぐ葉を全部取り（小さな茎も可）きれいに洗い細かく刻み小鍋に入れ、しょう油をさっとかけ、トロ火で煮る。水分が出てきたらかき混ぜ、しょう油を加え（味を時折見て）、汁気がとぶまで煮る。

◆ セロリとこんにゃくのくるみ和え

こんにゃく	1/3枚
セロリ（中～大）	1本
くるみ	40 g
◎・出し汁	（大）1
・みりん	（大）1
・しょう油	（大）1
梅肉エキス（or米酢）	（小）1/4～1/2

〈じゃがいものミートパイ〉……18センチのパイ皿

① じゃがいも、大和芋は洗って蒸す。ごまは粗ずりにする。

② パイの中味を作る。玉ねぎはみじん切り、パセリもみじん切り。桜えびもみじん切りにする。

③ フライパンにごま油をしき、②の玉ねぎをしっかり炒め、桜えび、グルテンバーガー、パセリと順次加えながら炒め、火が通ったら塩、こしょうで味付けし、火を止めて冷ましておく。

④ 蒸し上がった芋類の皮をむき、マッシャー等できれいにつぶし、塩、マーガリンを加え、混ぜ合わせ、固さを見ながら小麦粉を加え練る。ここへ①の白ごまの半量を混ぜ合わせる。

⑤ ④の半量をパイ皿の大きさに合わせてのばす（このとき、ラップを使ってのばすと、仕事がやりやすい）。

⑥ のばした生地をパイ皿にしき、冷ましておいた③をこの上にこんもりと盛るようにのせ、残り半量のパイ生地もまた、ラップを使ってのばし、上からかぶせるようにのせ、形を整えて、周りを端からフォークで型押しして、中

◆ じゃがいものミートパイ

〈パイ生地〉			ごま油		少々
・じゃがいも		約400 g	パセリ		3～4枝
・大和芋		約150 g	玉ねぎ（中）		1ケ
・マーガリン	（大）	2	グルテンバーガー		1缶
・塩	（小）	1/2	桜えび		10 g
・小麦粉	（大）	4～5	塩	（小）	1/2
・白炒りごま	（大）	1	こしょう		少々

央に白ごまの半量を散らす。温めておいたオーブン（200℃）で18～20分焼く。
⑦少し冷ましてから切り分ける。

〈アシタバのおひたし〉

①塩少々を入れた熱湯で色よくアシタバをゆがき、冷水に取り、固くしぼる。
②①を茎の部分は3～4ミリの小口切りに、葉の部分は1センチ位に切っておく。
③②をボールに入れ、レモン汁、しょう油をかける。板のりはざっと火であぶり細かくちぎり、ボールのアシタバと共に混ぜ合わせる。
※アシタバはビタミンの宝庫です（A、B_1、B_2、C、K）。その他、カルシウムなども含み、血液浄化を助けます。おひたし、天ぷら、汁ものにも。

〈アスパラガスの信田巻き〉

①油揚げは油抜きして三方を切り、広げておく（2枚）。
②たまごはよく溶きほぐし、桜えびはみじん切りにする。
③アスパラガスは塩ゆでしておく。
④②のたまご汁へ桜えび、出し汁、塩を加えよく混ぜ、おからも加えしっか

◆ アシタバのおひたし

アシタバ（大）	2～3枚（1束）
板のり	1枚
レモン汁	1/4ケ分
しょう油	適量

◆ アスパラガスの信田巻き

油揚げ		2枚
アスパラガス		4～6本
おから		100g
たまご		1ケ
出し汁	（大）	1
塩	（小）	1/2
桜えび		10g
片栗粉		少々

り混ぜる。

⑤①の油揚げに、茶こしで片栗粉を全体にふるいかける。

⑥⑤の上に④の半量をすしめしの要領で広げ、中央に③のアスパラガスをおき、巻きずしのように巻き、フライパンで（油はいらない）ころがしながら焼く（巻き終わりから焼きはじめるとやりやすい）。

⑦焼けたら冷まして1本を6つ切りにして、切り口を上にして皿に盛る。

〈そば団子汁〉

①そば粉、青のり、塩、水を混ぜ合わせ、ほどよい固さの小さな団子をこしらえる。

②ふのりは石付やごみを取り除いておく。

③油揚げは油抜きをし、たて半分に切り千切りにする。わかめは塩を洗い落とし1～2センチに切り、ねぎは薄い小口切りにする。

④出し汁を煮立て、団子を入れ、浮き上がってきたら、わかめ、ねぎ、油揚げを入れ、ふのりを加え、みそを溶き入れる。

◆ そば団子汁

そば粉	40～50 g
青のり	（小） 2
水	30cc～
塩	少々
みそ	適量
ふのり	5～10 g
わかめ（塩蔵）	10～20 g
油揚げ	1/2枚
ねぎ	1/2本
出し汁	3カップ～

夏

夏＊1

〈発芽玄米のごはん〉

〈大豆のシチュー〉

① 玉ねぎ、にんにくはみじん切りし、ごま油、マーガリンでしっかり炒める。

② じゃがいもは6～8つ切りにし、面取りをし、にんじんは2～3センチ厚みの半月に切り、面取りをする（面取りしたくずも捨てない）。

③ キャベツは乱切り。パセリは葉と茎に分け、別々にみじん切り。

④ ①がよく炒まったところで②を入れ炒める（くずも入れる）。

⑤ さらにキャベツ、パセリの茎も加え炒め、油がなじんだら、煮大豆を汁ごと入れ、水も加えてことこと煮込む。

⑥ 気長に煮て、トロッとしてきたら、塩、こしょうで味付けする。

大豆のシチュー

◆ 大豆のシチュー

煮大豆	2カップ
じゃがいも（中）	2ケ
玉ねぎ（大）	1ケ
にんにく	1片
パセリ（小）	5～6枚
ごま油	少々
にんじん（小～中）	1本
キャベツ（中）	2枚
水	3.5～4カップ

塩	（小）1/2～
こしょう	少々
マーガリン	（大）　1

他に大豆の煮汁1/2カップ位

⑦スープ皿に入れ、パセリの葉のみじん切りを散らす。

〈わかめの梅和え〉

①わかめは塩を洗い落とし1～2センチに切り、熱湯をかけ、冷水をかけ、ザルに上げ水を切る。
②しらたきは3～4センチに切り、水からよくゆがき、ザルに上げる。
③梅干は梅肉を細かく刻み、しょう油少々と混ぜ合わせる（ボールの中で）。
④①のわかめ、②のしらたき、削りぶしを③へ入れ、混ぜ合わす。

〈トマトの簡単サラダ〉

①ちりめんじゃこは熱湯に入れ、煮立ったらすぐザルに上げる。
②玉ねぎはみじん切りにする。青ねぎは2～3ミリの小口切り。
③きゅうりは板ずりして塩を洗い落とし、2～3ミリの斜め切りにする。
④トマトは4～5ミリの輪切りにする。
⑤皿にきゅうりとトマトを見えかくれするよう重ね並べる。
⑥ソィーマヨネーズ（29ページ参照）に②の玉ねぎ、青ねぎ、①のちりめんじゃこを入れて混ぜ合わせ⑤にかける。

◆ わかめの梅和え

わかめ（塩蔵）	30 g
しらたき	1/2袋
梅干（大）	1ケ
削りぶし	（大）2～
しょう油	少々

◆ トマトの簡単サラダ

トマト（大）	2ケ
きゅうり（小）	1本
玉ねぎ（小）	1/8ケ
青ねぎ（orパセリ）	2～3本
ちりめんじゃこ	10～20 g
ソィーマヨネーズ	（大）4～
（作り方は29ページ）	

〈そら豆と油揚げのみそ炒め〉

① そら豆はさやから出し、固めにゆでて、皮をむく。

② もやしもさっとゆがいてザルに上げる。

③ 油揚げは油抜きしてたて半分に切り、3～5ミリ位に切る。

④ 桜えびはみじん切りにする。

⑤ みそをみりんで溶いておく。

⑥ 厚手鍋にごま油をしき、桜えびをざっと炒めて、もやし、そら豆、油揚げと順次炒め、⑤を加え、全体になじんだら味を見て、加減し、火を止める。

◆ そら豆と油揚げのみそ炒め

そら豆（さやつき）	500～700 g
（中味）	（250 g 位）
もやし	1 袋
油揚げ	1 枚
みそ	（大）1.5～
みりん	（大）1.5～
桜えび	10 g

夏＊2

〈玄米おやき〉

① 桜えびはみじん切りにする。

② たまごを溶きほぐし、おから、玄米ごはんを加え、混ぜてから①の桜えび、削りぶし、青のり、塩、小麦粉を加え混ぜ合わせる。

③ フライパンを熱し、ごま油をしき、お玉で②をすくって入れ、焼く（8ケ位になるように）。

④ 両面が薄い焦げめがつく程度にトロ火でじっくり焼く。

〈とろろ寒天〉

① 寒天は1時間以上水に浸す。

② 小鍋に出し汁とおからを入れ、トロ火で煮、しっかり火を通し、冷ます。

③ 大和芋は皮をむいてすりおろし、レモン汁をかけておく。

④ にんじんはすりおろし、③へ加える。

◆ 玄米おやき

玄米ごはん		200 g
（冷やごはん可）		
おから		80 g
小麦粉	（大）	1～2
たまご		2ケ
桜えび		10 g
削りぶし	（大）	3
青のり	（大）	1
塩	（小）	1/4～1/2

◆ とろろ寒天

（おから		80 g
出し汁）	（大）	3～4
（棒寒天		1本
出し汁）		450cc
ゆがいたおくら		2～3本
大和芋（皮をむいて）		100 g
にんじん		30 g
塩	（小）	1/2
レモン汁	（小）	1.5
青じそ		8枚

⑤おくらは3～4ミリの小口切りにする。
⑥①の寒天をしぼり、細かくちぎって出し汁と共に鍋に入れ煮溶かす。
⑦④へ冷ましたおからと塩、おくらを加え、ざっと混ぜ合わせる。
⑧流し缶を水でぬらしておく。
⑨煮溶けた寒天液の粗熱を取り、⑦へ加え、混ぜ合わせ、流し缶に入れ、冷やし固める。
⑩適当に切り、器に青じそを添えて並べ、辛子じょう油でどうぞ。

〈大豆の炒め煮〉

①油抜きした油揚げはたて半分に切り、千切りにする。ねぎは2～3ミリの小口切りにする。
②生姜はみじん切り、にんじんは千切り。
③中華鍋にごま油をしき、にんじん、生姜、ねぎ、煮大豆と順次炒めていき、酒、しょう油、塩、こしょうを加え、煮立て、油揚げを加えてトロ火にし、少し蒸し煮にする。
④野菜に火が通ったら、片栗粉の水溶きを混ぜながら加え、火を通す。
※大豆は、きれいに洗って一晩水に浸しておき、煮る。アクを取り、ゆっく

※ 辛子じょう油

ねり辛子	3 g位
しょう油（大）	1.5～2
米酢	（小）1

よく練り混ぜる。

◆ 大豆の炒め煮

煮大豆	1カップ
ねぎ（太）	1～1.5本
生姜	1片
にんじん（中）	5～6センチ
油揚げ	1枚
酒	（大）1.5
塩	（小）1/2
しょう油	（小）1～
こしょう	少々
ごま油	少々
片栗粉	（小）2
水	30cc

りトロ火で2～3時間煮る。これをチルドか冷凍室で保存すれば、日持ちがするし、いつでも使えて便利ですから、時間のあるときに煮ておきましょう。大豆には蛋白質をはじめ、ミネラル、ビタミン等多くの栄養分が含まれています。

〈モロッコインゲンのサラダ〉

①モロッコインゲンはざっとゆがき、ザルに取り塩をふり、手早く冷ます。
②玉ねぎは薄くスライスし、青じそは千切り、①のモロッコインゲンは1センチ幅の斜め切りにする。
③フレンチドレッシング（30ページ参照）の中へ、まず玉ねぎを入れ、混ぜ合わせ、モロッコインゲン、青じそを入れ和える。
※①の状態でチルドで保存すると3～4日おいしく、いろいろに使えます（付け合わせ、みそ和えなど）。

◆モロッコインゲンのサラダ

モロッコインゲン	80～100g
玉ねぎ（中）	1/2ケ
青じそ（大）	5～6枚
フレンチドレッシング	適量
（作り方は30ページ）	

夏＊3

〈発芽玄米のごはん〉

〈冷やし茶碗蒸し〉

① 5～6時間以上水に浸し戻したしいたけは、石付を取り、薄く細く切る。ねぎは小口（薄い）切りにする。

② たまごをよく溶きほぐし塩、しょう油、出し汁を加え、よく混ぜ合わせる。大きめの器にこしながら入れ、しいたけとグルテンバーガーを入れ、混ぜる。

③ 蒸気の上がった蒸し器で、②にアルミホイルでふたをして蒸す。このとき、2～3分は強火で、その後、弱火にして16～18分蒸す。出来上がったら、器を冷水で冷やし、冷めたら冷蔵庫に入れて冷やす。

④ その間にクコの実を湯で洗い、ザルに上げておく。

⑤ ミツバ（or青ねぎ）は葉の部分を千切り（青ねぎは小口切り）。

冷やし茶碗蒸し

◆ 冷やし茶碗蒸し

たまご	3ケ	〈タレ〉	
出し汁	2カップ	・出し汁	1/2カップ
塩	（小）1/2	・しょう油	（大）1
しょう油	（小）1	・みりん	（大）1
干ししいたけ（中）	3枚	・くず粉	（大）1
ねぎ	1/2本	クコの実、ミツバor青ねぎ	少々
グルテンバーガー	50～60g		

⑥小鍋にタレの材料を入れ、かき混ぜながら煮、火が通ったら④のクコの実を加え、さっと煮て、ミツバを加えて火を止める。

⑦鍋ごと冷水で冷やし、すっかり冷たくなったら、③へ、そーっと注ぎ入れる。お玉などを添えて、各自、器に取り分けて食する。

※干ししいたけは常温で5～6時間（夏は冷蔵庫で）水に浸し戻す（水の量はひたひたでよいが、皿などかぶせて浮かないようにする）。

〈みぞれこんにゃく〉

①こんにゃくは、できるだけ薄く切り、しっかりゆがき、ザルに上げる。

②えのきだけは石付あたりを切り取り、1～2センチ位に切る。

③鍋にごま油をしき、①を入れ、よく炒める。

④③がちりちりとよく炒まってきたら、②のえのきだけを加え、ざっと炒め、酒、しょう油を加え、さらに炒め、汁気が減ってきたら削りぶしを入れ、焦がさないようにからませながら炒め、火を止める。

〈ごぼうのくるみ和え〉

①ごぼうは洗って3～4センチ長さに切り、太いところは4つ割りや、6つ

◆みぞれこんにゃく

こんにゃく	半～1枚（250～300g）
えのきだけ	1束
ごま油	（大）1
削りぶし	10g～
しょう油	（大）2
酒	（大）1

割りにしておく。

② ①のごぼうをボールに入れ、くず粉をまぶし、中温の油で揚げる。

③ みりんを小鍋に入れ、煮切る。くるみは粗みじん切りにする。

④ ボールにみそ、③のみりん、ハチミツを入れ混ぜ、くるみも加えて混ぜる。

⑤ ②のごぼうを④へ入れて和える。

〈梅酢寒天〉

① 棒寒天は洗って1時間以上水に浸しておく。

② ①をしぼり、細かくちぎって分量の水と共に鍋に入れ、ふきこぼれないよう煮溶かす。

③ ②の寒天がきれいに溶けたら火を止めて、ハチミツ、梅酢、梅漬じそを加え、よく混ぜ合わせ、水でぬらした流し缶に入れ、冷やし固める。きっちり固まったら適当に切る。

◆ ごぼうのくるみ和え

ごぼう（中～太）	1本
くるみ	30～40ｇ
みそ	（大）2
みりん	（大）2
ハチミツ	（小）1
くず粉	少々
揚げ油	適量

◆ 梅酢寒天

棒寒天	1本
水	500cc
ハチミツ	（大）1.5
梅酢	（大）1.5
梅漬じそのみじん切り	（小）1

夏＊4

〈赤じそごはん〉

① 赤じそはみじん切りにする。松の実は2～3つに切り、空炒りしておく（焦がさないように）。
② 炊き上がったごはんに、赤じそ、松の実をさっくり混ぜ合わせる。

〈梅香ポテト焼き〉

① じゃがいもは蒸して、マッシャーなどでつぶしておく。
② 松の実は粗みじん切りにする。
③ ①、②、小麦粉、きな粉、塩少々をよく混ぜ合わせ、さらにレモン汁を加え、練り混ぜる。
④ 玉ねぎはできるだけ細かいみじん切りにする。梅漬じそもみじん切りにする。

梅香ポテト焼き

◆ 赤じそごはん

赤じそ（梅干に使ったもの）	10g～
松の実	10g～
玄米ごはん	ごはん茶碗4杯

◆ 梅香ポテト焼き

じゃがいも	260～300g
松の実	20g
小麦粉	（大）2～
きな粉	（大）1
塩	少々
レモン汁	（大1）1/2ケ分
梅漬じそ	20g
玉ねぎ	40g
マーガリン	30g～

⑤④の玉ねぎ、梅漬じそ、マーガリンをよく練り混ぜる。

⑥鉄板にクッキングシートをしいて、③を平らに広げ、⑤を上から丁寧にぬりつける。

⑦温めておいたオーブン（170℃）で15～16分焼く。

⑧オーブンから出し、冷まして（まな板の上などで）から適当に切り分ける。

〈はるさめときゅうりの梅酢和え〉

①はるさめは熱湯で5～6分ゆがき、冷水に取り、4～5センチに切り、ザルに上げる。

②きゅうりは板ずりし、塩を洗い落とし、斜めに切り、さらに千切りにする。

③にんじんも千切りにし、塩をする。

④梅酢とハチミツを混ぜ合わせ、①、②、③を和える。

〈梅干入りスープ〉

①車麩は水に浸して戻しておく。

②玉ねぎ、にんにくはみじん切りにし、ごま油、マーガリンで、しっかり炒める。

◆ はるさめときゅうりの梅酢和え

はるさめ	40 g
きゅうり	1本
にんじん	30 g
梅酢	（大）1
ハチミツ	（小）1

③にんじんは1.5～2センチに切り、面取りをする。じゃがいもは6つ～8つ割りにし、面取りする。

④とうもろこしは粒をそぎ取り、キャベツは乱切り。

⑤②がよく炒まったところへ、にんじん、じゃがいも、とうもろこし、キャベツと順次、加えては炒めながら、全部炒まったら出し汁と梅干を加えてことこと煮る（面取りした部分も入れて煮込む）。

⑥しばらく煮たら、①の車麩をしぼって（押さえるようにしぼる）6つ切りにして加え、またトロ火にしてことこと煮る。野菜がすっかりやわらかくなったら、味を整えて器へ。

※梅干を使うので、ガラス、ステンレス等の鍋で煮込むのがよい。

◆ 梅干入りスープ

梅干	4ケ
玉ねぎ（大）	1ケ
にんにく	1片
キャベツ（大）	2～3枚
にんじん（中）	1本
車麩	2ケ
じゃがいも（中）	2ケ
とうもろこし（蒸したもの）	1本
出し汁	4～4.5カップ
ごま油、マーガリン	適量
塩、こしょう	少々

夏＊5

〈発芽玄米のごはん〉

〈はるさめのにんにく炒め〉

①にんにくはみじん切りにする。にんじんは千切り、桜えびはみじん切り。えのきだけは石付を切り落とし2～3センチに切る。

②わかめは塩を洗い落とし1～2センチに切り、はるさめは熱湯で5～6分ゆがき、冷水に取り、3～4センチに切りザルへ。

③フライパンか中華鍋にごま油をしき、にんじん、にんにくを炒め、火が通ったところで、桜えび、えのきだけ、はるさめ、わかめと次々炒めては加えて、全体に火が通ったら◎で味付けする。

〈コーンポタージュ〉

①とうもろこしは、こそげ取るように実を取る。

②にんにく、玉ねぎはみじん切りにし、マーガリン、ごま油でしっかり炒める。

③②がよく炒まったところで、とうもろこしを加え、ざっと炒め、水を加え

◆ はるさめのにんにく炒め

はるさめ	40g
にんにく	2片
にんじん	50g
桜えび	10g
わかめ（塩蔵）	40g
えのきだけ	1束
ごま油	適量

◎・しょう油	（小）1～
・米酢	（小）1
・塩	（小）1/2

て煮、煮立ったらトロ火にして、ことこと煮込む。
④野菜がすっかりやわらかくなったら、冷ましてミキサーにかけ鍋に戻し、火を通し、塩、こしょうで味付けする。器に注ぎ、パセリのみじん切りを散らす。

〈トマトのサラダ〉

①玉ねぎ、くるみは細かいみじん切りにする。
②フレンチドレッシングを作り、玉ねぎを加え、まずしっかり混ぜ合わせ、くるみも加えて混ぜておく（梅酢1：オリーブ油1.5）。
③トマトは丸のまま薄切りにし、青じそは千切りにする。
④各々の皿にトマトを広げるように並べ、煮ひじきを散らし、青じそも広げるように散らす。
⑤②のフレンチドレッシングを上からかける。

〈ごぼうの信田巻き煮〉

①戻したしいたけは石付を取り、4～5切りにする。
②油揚げは油抜きをして三方を切り、1枚に広げる。

◆ トマトのサラダ

トマト（大）	2ケ
青じそ	8～10枚
煮ひじき	少々
玉ねぎ	少々
くるみ	10g～
フレンチドレッシング	適量
(作り方は30ページ)	

◆ コーンポタージュ

蒸したとうもろこし（大）	2本
にんにく（大）	1片
玉ねぎ（中）	1ケ
パセリのみじん切り	少々
塩	（小）1/2～
こしょう	少々
マーガリン、ごま油	各（大） 1/2
水	3～3.5カップ

③かんぴょうはぬるま湯で洗い、水気を切る。

④ごぼうは洗って油揚げの長さに切り、広げた油揚げで、のり巻きのようにきっちり巻いて3ヶ所かんぴょうでしばる。

⑤鍋に④としいたけ、油揚げの切れはし、かんぴょうのあまり等も入れ、出し汁を加えて煮る。

⑥煮立ったらトロ火にして、みりん、しょう油を加え、汁気がなくなるまで、ゆっくり煮る。

⑦インゲンは塩ゆでし、長さによって2~3つに切り、塩少々をする。

⑧煮上がった⑥を切って（1本を6~8つ位）、しいたけ、⑦のインゲンと共に各皿に並べる。

◆ごぼうの信田巻き煮

干ししいたけ（小）	4枚
ごぼう（小～中）	30センチ位
油揚げ	2枚
かんぴょう	適量
出し汁	1カップ～
みりん	（大）1～
しょう油	（大）1～
インゲン	5～6本

夏＊6

〈発芽玄米のごはん〉

〈ちぐさ焼〉

①豆腐は布巾に包んで、まな板をのせ、しっかり水切りをする。

②戻したしいたけ、にんじん、玉ねぎ、ピーマンをそれぞれ千切りにする。

③桜えびはみじん切り、生姜は針のような細い千切りにする。

④玉ねぎ、にんじん、しいたけ、桜えび、生姜、ピーマンを炒めて、みりん、しょう油、塩で味付けし、冷ましておく。

⑤たまごをよく溶きほぐしたところへ①をザルでこしながら入れ、よく混ぜる。

⑥⑤へ④を加え、混ぜ合わせる。

⑦流し缶を用意し、水でぬらし、⑥を入れ、180℃のオーブン（温めておく）で20～25分焼き（竹ぐしをさしてみて、ついてこなければできている）、型から出し、4～6つに切って器に盛る。

◆ ちぐさ焼

たまご	2ケ
木綿豆腐	1丁
にんじん	60g
玉ねぎ（中）	1/4～1/3ケ
ピーマン（小）	2ケ
干ししいたけ（中）	2枚
桜えび	10g
生姜	1片
みりん	（大）1.5
しょう油	（大）1
塩	（小）1/2

〈糸こんにゃくの梅酢和え〉

① 糸こんにゃくは2～3センチに切り、ゆがいてザルに上げる。
② ①を鍋に入れ空炒りをして、しょう油を加え下味をつけておき、冷ます。
③ にんじんは千切りにして塩をしておく。青じそは千切りにする。
④ くるみは細かく、みじん切りにする。
⑤ ボールに、梅酢と米酢を入れ混ぜ合わせ、④のくるみを加え、②、③のにんじん、青じそも加え、混ぜ合わせ、様子を見て、塩で味付けする。

〈にんじんとインゲンの信田巻き〉

① にんじんは蒸して、たて半分に切り、インゲンは塩ゆでする。
② 油揚げは油抜きし、三方に切り開く。
③ みそと白ごまペーストをよく混ぜ合わせ、削りぶしも加え混ぜる。
④ 油揚げ（2枚）を広げて③の半量ずつを全体にぬりつける。
⑤ ④の中央に、にんじん、インゲン（半量ずつ）

にんじんとインゲンの信田巻き

◆ 糸こんにゃくの梅酢和え

糸こんにゃく（or しらたき）		150 g
にんじん		40 g
くるみ		20 g
青じそ		5～6 枚
梅酢	（小）	1
しょう油	（小）	1
米酢	（小）	1/2
塩		少々

を並べ、巻きずしのようにしっかり巻き、巻き終わりに小麦粉をつけてのり代わりにする。

⑥フライパンで、油をしかず全面をころがしながら焼く（巻き終わりからまず焼くと、仕事がやりやすい）。

⑦冷めてから、1本を8つに切り、切り口を上にして皿に並べる。

〈わかめとおくらのみそ汁〉

①わかめは塩を洗い落とし、2～3センチに切る。

②おくらは洗ってヘタの部分を切り落とし、5～6ミリの小口切りにする。

③出し汁を煮立て、わかめを入れ、煮立ったらおくらを入れて、すぐみそを溶き入れ煮立ったら火を止める。

◆ わかめとおくらのみそ汁

わかめ（塩蔵）	20ｇ
おくら（小）	3～4本
出し汁	3～3.5カップ
みそ	適量

◆ にんじんとインゲンの信田巻き

油揚げ	2枚
にんじん（小）	たて切りで1/2本
インゲン	6～8本
みそ	（大）1～1.5
白ごまペースト（練りごま）	（大）1～1.5
削りぶし	（大）2～3
小麦粉	少々

夏＊7

〈発芽玄米のごはん〉

〈青菜のにんにく炒め〉

①青菜はゆがいて、固くしぼり、茎と葉の部分に分けて、各々1センチ位に切っておく。

②しめじは石付を切り落とし、3つ位に切る（バラバラにしておく）。

③にんにくはみじん切り。

④中華鍋か、フライパンを熱し、ごま油少々を入れ、ちりめんじゃこを焦がさないよう、カリカリに炒めて、取り出す。

⑤空になった鍋にまた、ごま油を少し入れ、にんにく、しめじを入れ、炒め、色づいてきたら、青菜の茎の部分を入れ、炒める。葉の部分も加えてざっと炒めて、調味料を加えて、すぐ④のちりめんじゃこを戻し、混ぜ合わせてから火を止める。ちりめんじゃこの塩分があるので、しょう油を入れ過ぎないように注意!!

◆ 青菜のにんにく炒め

にんにく（大）	2～3片
しめじ or エリンギ	1袋
ちりめんじゃこ	40g
青菜（小松菜など）	1束
酒、酢	各（小）1
しょう油	（小）1～

〈大豆と油揚げのみそ煮〉

①油抜きした油揚げはたて半分に切り、1センチ位に切る。
②みそ、みりん、削りぶしを混ぜ合わせておく。
③ねぎは薄く、小口切りしておく。
④鍋に出し汁と油揚げ、ねぎを入れ煮立ったら、大豆を加える。
⑤火が通ったら、生姜を加え、②を混ぜながら加えて、汁気がなくなるまで焦がさないように煮る。
⑥⑤を各々の器に盛る。このとき、インゲンを2～3つに切ったものを3～4本ずつ添える。

〈トマトと糸寒天のサラダ〉

①きゅうりは板ずりをして、塩を洗い落とし、3～4ミリの斜め切りにする。
②寒天はハサミで3～4センチに切り、熱湯の中に入れ、ざっとかき混ぜ、ザルに取り、冷水をかけながら手でもみ洗いする（ぬめりがなくなり、さらっとしてくればよい）。

トマトと糸寒天のサラダ

◆ 大豆と油揚げのみそ煮

油揚げ	2枚
煮大豆	1カップ
出し汁	1/2カップ
ねぎ（太）	1/2本
生姜（小）	1片
みりん	（大）2
みそ	（大）2
削りぶし	1/2カップ
付け合わせとして、塩ゆでのインゲン	5～6本

◆ トマトと糸寒天のサラダ

トマト（中～大）	2ケ
糸寒天	20g
きゅうり（小）	1本
玉ねぎ（小）	1/8本
パセリ（大）	1枝
ソィーマヨネーズ（作り方は29ページ）	（大）3～
しょう油	少々

③玉ねぎは細かくみじん切りし、洗って水分をしっかり取ったパセリもみじん切りにする。

④ソィーマヨネーズ（29ページ参照）と③の玉ねぎ、パセリを混ぜ合わせ、香りづけにしょう油、ほんの少々加えて、さらに混ぜる。

⑤トマトは丸ごと横に薄く切る。

⑥各々の皿に⑤のトマトを並べ、きゅうりも色どりよく並べ、寒天を散らし、上から④をかける。

〈ごぼうの小豆汁〉

①ごぼうは洗って薄く小口切りにし、出し汁と共に鍋に入れ煮る。

②その間に、にんじんはイチョウ切り、油抜きした油揚げは千切りにし、わかめは塩を洗い落とし、1～2センチに切り、ザルに上げる。

③①がやわらかくなったら、にんじんを入れ、2～3分煮る。青ねぎは5～6ミリの小口切りにする。

④③へ油揚げ、わかめ、ゆで小豆を加え、煮立ったらみそを溶き入れ、青ねぎを加えて、火を止める。

◆ ごぼうの小豆汁

ごぼう（小）	1本
にんじん	4～5センチ
油揚げ	1/2枚
わかめ（塩蔵）	20～30g
青ねぎ	3～4本
ゆで小豆	1カップ～
出し汁	3～3.5カップ
みそ	適量

夏＊8

〈発芽玄米のごはん〉

〈炒り豆腐〉

① 木綿豆腐は布巾に包んで水切りし、厚さを半分に切って、6～7ミリ幅に切る。
② にんじん、ピーマンは千切りにする。生姜は針のような千切りにする。
③ 中華鍋を熱し、ごま油をしき、豆腐を炒める。焦がさない程度に色づいたら、取り出しておく（やや弱火の方がやりやすい）。
④ ③の鍋に少しごま油を足して、にんじん、ピーマン、生姜を次々に炒めながら加えて、全体に火が通ったら、③で取り出した豆腐を戻して、酒、しょう油を加え、豆腐をくずさないよう混ぜ合わせる（炒めながら）。

◆ 炒り豆腐

木綿豆腐	1丁
にんじん（小）	1本
ピーマン	2ケ
生姜（中）	1片
ごま油	（大）1
酒	（大）1
しょう油	（大）1.5

〈えのきだけと青菜の納豆和え〉

① えのきだけは石付を取り、1～2センチに切り、たっぷりの熱湯の中へ入れ、ざっとかき混ぜザルに取る。
② 青菜はゆがいて1～2センチに切る。納豆は細かく刻み、よくかき混ぜる。
③ 板のりはさっと火であぶり、細かくちぎる。
④ ②の納豆へ辛子、レモン汁、みりん、しょう油を入れ、よく混ぜ合わせる。
⑤ ④へ①、②、③を入れ混ぜ合わせる。

〈山芋の袋焼き〉

① 油揚げは油抜きをして半分に切り袋状にする。
② 大和芋はきれいに洗ってひげ根を焼き、すりおろす。
③ にんじんもすりおろす。
④ ②、③、ちりめんじゃこ、青のり、松の実を混ぜ合わせ、4等分にし、①の油揚げの袋に詰める。
⑤ 口をようじで留めて巾着状にする。
⑥ 油をしかないフライパンで⑤をトロ火でこんがり両面をゆっくり焼き、生姜じょう油で食する。

山芋の袋焼き

◆ えのきだけと青菜の納豆和え

えのきだけ		1束（100g位）
青菜（小松菜、春菊など）		1/2～1束
納豆		1包（80～100g）
板のり		1/2枚
◎・辛子（練ったもの）	（小）	1
・レモン汁	（大）	1
・みりん	（小）	1/2
・しょう油	（大）	1

◆ 山芋の袋焼き

大和芋		120～150g
にんじん		50g
ちりめんじゃこ		20g
青のり	（大）	2
油揚げ		2枚
松の実		30g
（生姜汁	（小）	1～2
しょう油	（大）	1～2

〈おくらと煮ひじきのサラダ〉

①おくらは塩ゆでし、ヘタを切り落とし7～8ミリの小口切りにする。

②にんじんは厚さ5～6ミリのイチョウ切りにし、ひたひたの水から煮ておく（煮汁がなくなるよう）。玉ねぎはみじん切りにする。

③フレンチドレッシングを作る（30ページ参照）。

④①、②、煮ひじきを③へ加え、混ぜ合わせる。

◇煮ひじきの作り方

乾燥ひじきを15～20分位たっぷりの水に浸す。

ざっざと洗って、底にごみ等がたまるので、そっと除きながら上から取ってザルに上げ、また水をかえてのくり返しを2度位したらザルに取る。

鍋にごま油少々を入れて、ひじきを炒め、出し汁をひたひたに入れて煮る。

煮立ったら、みりん2、しょう油1.5の割合でことこと煮、汁気がほとんどなくなるまで煮る。冷めてからチルドへ保存。適宜使用。

◆おくらと煮ひじきのサラダ

おくら	5～6本
煮ひじき	適量
にんじん（小）	1/2本
玉ねぎ	少々
フレンチドレッシング	適量

（作り方は30ページ）

夏＊9

〈発芽玄米のごはん〉

〈納豆オムレツ〉

①にんじんはすりおろす。

②ボールに納豆を入れ、よくかき混ぜる。

③たまごを②へ加え、よくかき混ぜて、青のり、にんじん、削りぶし、塩、しょう油も加え、混ぜ合わせる。

④フライパンを熱し、ごま油をしき（少し多め）③をざっと流し入れる。箸で大きくかき回し、少し固まりかけたら4等分し、箸を使って1等分ずつオムレツ状に形作り、トロ火で表裏を焼き皿に取る。

〈ナスと青じその甘酢生姜和え〉

①ナスはたて長に4つ切りにし、さらに薄く小口切りして、塩をする。

②甘酢漬生姜は千切りにし、青じそも千切りにする。

③①のナスがしんなりしてきたら軽くしぼってボールに入れ、②を加え、し

◆ 納豆オムレツ

小粒納豆		1包（80g）
にんじん（小）		1本（100g）
青のり	（大）	1
たまご		2ケ
塩	（小）	1/4
しょう油	（大）	1/2
削りぶし	（大）	2

◆ ナスと青じその甘酢生姜和え

ナス	1本
青じそ	5～6枚
甘酢漬生姜	5～6枚
しょう油	少々

よう油少々を加えて味を整えながら混ぜ合わせる。

◇甘酢生姜の作り方（ガリと呼ばれているもの）

新生姜を薄切りにし、塩少々をしてしんなりしたら、熱湯で手早くゆで、ザルに取り水気を切る。

◎をよく混ぜ合わせ沸騰させ、冷まし、水の切れた生姜を漬け込む。3～4日後から食べられる。冷蔵すれば、長期保存できる。

〈チーズ入りキャベツの巾着焼き〉

①キャベツは塩ゆでしてザルに上げ、千切りにする。

②にんじんは千切りにして、少しの水と共に小鍋に入れ、煮切る。

③桜えびはみじん切りにし、チーズは1切れを4～5つに切る。

④油揚げは油抜きをして半分に切り、袋状にしておく。

⑤①、②、③を混ぜ合わせる。これを4等分し、④の袋へ各々詰め、口を巾着状にしわづけし、ようじで留める。

⑥フライパンを熱し、油をしかずに両面を焼く（やや弱火で）。

⑦酢じょう油で食する（酢の代わりにレモン汁と合わせてもおいしい）。

※甘酢生姜

新生姜	100 g
塩	少々
◎・玄米酢	（大）4.5
・ハチミツ	（大）4
・水	（大）4
・塩	（小）1

◆ チーズ入りキャベツの巾着焼き

キャベツ（大）	2枚
にんじん	40 g
桜えび	15 g
チーズ	4切（40～50 g）
油揚げ	2枚
酢、しょう油	適量

〈ピーマンのくるみ和え〉

①くるみは細かいみじん切りにする。

②小鍋にみりんを煮立て、みそを加え煮溶かし、①のくるみを加え火を止める。

③出し昆布は千切りにし、ピーマンはヘタやタネを取り、千切りにする。

④小鍋に酒を煮立て、③の昆布とピーマンを入れ、混ぜながら煮る（水分をとばす）。

⑤器に④を各々盛り分け、②をのせる。混ぜながら食する。

◆ピーマンのくるみ和え

ピーマン（中）	4～5ケ
出しを取った後の昆布（大）	1枚
酒	（大）2
くるみ	20g
みそ	（大）1
みりん	（大）1

夏＊10

〈発芽玄米のごはん〉

〈グルテンの磯しゅうまい〉

①玉ねぎ、にんじんはみじん切りにし、玉ねぎをしっかり炒めてからにんじんを加え、さらに炒める。
②その間に桜えびをみじん切りにし、板のりをあぶって、布に包み細かくする。
③①がよく炒まったところで、桜えび、グルテンバーガーを加え炒める。
④③へ青のり、細かくした板のりを加え、くず粉大さじ3、片栗粉を加え、塩も加え、よく練り混ぜる。
⑤④を16等分し、大皿にくず粉を広げておき、ころがすようにしてくず粉をまぶし、しゅうまい型に整え、上に桜えびを飾る。
⑥蒸気の上がった蒸し器にキッチンペーパーをしき、しゅうまいをくっつかないように並べ入れ、布巾をしないで、12分蒸す（やや強火）。

◆ グルテンの磯しゅうまい

グルテンバーガー		1缶
桜えび（干）		10g～
青のり	（大）	1
板のり		1枚
別に飾り用桜えび		12匹
玉ねぎ（中）		1/2ケ
にんじん		50g
くず粉		1/2～1カップ
片栗粉	（大）	2
塩	（小）	1/4

⑦蒸し上がったら、くっつかないよう離して大皿に取る。
⑧辛子じょう油等で食する。

〈青菜のしそ香卯の花和え〉

①青菜はゆがいて冷水に取り、固くしぼり、2～3センチに切り、しょう油少々をかけておく。
②しらたきも2～3センチに切り、水からゆがき、ザルに上げておく。
③出し汁とみりんを鍋に入れ煮立て、おからを加え、火をしっかり通す。
④梅漬じそはみじん切りにし、冷ました③へ加え混ぜる。
⑤①、②を④で和える。

〈はと麦のみそスープ〉

①玉ねぎはみじん切りにして、ごま油で、しっかり炒める。
②にんじんは1センチのサイコロ状、じゃがいもはそれより少し大きめのサイコロ状に切る。セロリも（薄いけれど）にんじん位に切る。
③とうもろこしは実をそぎ取っておく。
④①がよく炒まったら、にんじん、じゃがいも、はと麦、とうもろこしと順

◆ 青菜のしそ香卯の花和え

おから	80～100ｇ
出し汁	60～70cc
みりん	（大） 1
梅漬じそ	
（梅干に使ったもの）	（大） 1～
青菜（小松菜など）	1/2～1束
しらたき	1/2袋
しょう油	（小） 1～

◆ はと麦のみそスープ

玉ねぎ（大）	1ケ
にんじん（中）	1/2本
じゃがいも（中）	1ケ
煮はと麦	1カップ
ゆがいたとうもろこし	1/2～1本
セロリ（中）	1本
梅肉エキス	（小） 1/4
出し汁	3.5～4カップ
白みそ	（大） 3～4
みそ	適量

次、加えては炒めていき、出し汁を加えて煮立ったらトロ火にして煮る。

⑤野菜に火が通ったら梅肉エキスを入れ、溶けたら白みそを溶き入れ、みそも溶き入れ、味を整えて火を止める。

〈薬草寒天〉

①１時間以上水に浸しておいた寒天を洗い、細かくちぎって煎じ汁と共に鍋に入れ、煮溶かす。

②よく溶けたら火を止めて塩を加え、混ぜて溶かし、粗熱を取る。

③水でぬらした流し缶に粗熱を取った寒天液を流し入れ、冷やし固める。

④白ごまペースト、豆乳、ハチミツをよく混ぜてタレにする。

⑤固まった薬草寒天をスプーンで切り取って器に入れ、④のタレをかけて食する。

※薬草煎じ汁は、ドクダミ（干）20g、スギナ（干）2～3g、ゲンノショウコ（干）3～4gを水1.5～2リットルと共に土瓶で30～40分煎じたもの。

◆ 薬草寒天

棒寒天	１本
薬草煎じ汁	500cc
塩	（小）1/2
白ごまペースト（練りごま）	（大）　2
豆乳	（大）　3
ハチミツ	（大）１～

〈生姜飯〉

①小鍋に酒としょう油を入れて煮立て、生姜のしぼり汁を加えてざっとかき混ぜて火を止め、冷ます。

②板のりを焼き（あぶる）、千切りにする。

③炊き上がった玄米ごはんに①をすし飯のように混ぜ合わせ、風を入れる。

④器に盛り分け、中央に②の千切りのりをのせる。

〈ナスのみそかけ〉

①玉ねぎはみじん切りにし、鍋にごま油を（少々）しき、よく炒める。

②その間に、戻したしいたけはみじん切り、くるみもみじん切りにする。

③青ねぎは2～3ミリの小口切りにする。

④①がよく炒まったら、しいたけを加えて炒め、くるみも加え、グルテンバーガーも加えて炒め、◎の調味料を加えて、トロ火で火を通す。

⑤④へ③の青ねぎを加えて火を止める。

⑥ナスのヘタの部分を切り落とし、たて6つに切る（計12枚）。

◆生姜飯

生姜のしぼり汁	（大）	1
しょう油	（大）	1強
酒	（大）	1強
板のり		1枚
はと麦と餅きび入り玄米ごはん		茶碗4杯

◆ナスのみそかけ

ナス	（大）	2本
グルテンバーガー		1/2缶
玉ねぎ（大）		1/2ケ
干ししいたけ（小）		2枚
くるみ		20g
◎・みそ	（大）	1.5
・みりん	（大）	1
・酒	（大）	1
・酢	（小）	1
青ねぎ		2～3本

⑦フライパンを熱しごま油をしき、ナスの両面を焼く。皿に分け、⑤を上から各々にかける。

〈じゃがいもの梅煮〉

①油抜きした油揚げはたて半分に切り、千切りする。
②わかめは塩を洗い落とし、2～2.5センチ位に切り、ザルに上げる。
③じゃがいもは洗って皮をむき、4つに切り、出し汁と共に鍋に入れ煮立て、2～3分煮る。梅干を加えてさらに煮て、じゃがいもに火が通ったら、油揚げを加え、②のわかめも加えて煮る（じゃがいもが煮くずれない程度に）。
④各々の皿にじゃがいもは中央に、わかめは周りに並べる。

〈ミートのにんにく炒め〉

①グルテンミートは缶から出し薄く切り（大きさも1～2センチ位で）、水分をしっかり拭き取る。
②ピーマン、にんじんは千切り。
③にんにくはみじん切りにし、中華鍋（orフライパン）にオリーブ油を入れ、ざっと炒め、①のミートを加え、塩、こしょうを少々ふり炒め、焦げめがつ

◆ じゃがいもの梅煮

じゃがいも（小）	4ケ
油揚げ	1枚
わかめ（塩蔵）	70g
出し汁	1.5カップ～
梅干（大）	2～3ケ

◆ ミートのにんにく炒め

グルテンミート	1缶
にんにく（大）	2片
にんじん	50g
ピーマン（大）	1ケ
塩	（小）1/2
こしょう	少々
オリーブ油	適量

いたら取り出す。

④ 新たにオリーブ油をしき、にんじんを炒めてからピーマンを加えて炒め、火が通ったら③のミートを戻して、塩、こしょうで味付けし（ほんの少ししょう油を香りづけに入れ）、火を止める。

※ 暑い時期は、にんにく、生姜、梅干など使って元気に過ごしましょう。

〈ごまの香みそ汁〉

① えのきだけは石付を取り2～3センチに切る。青ねぎは5～6ミリの小口切りにする。

② 板麩は適当にくだく。

③ 鍋に出し汁を煮立て、白ごまペーストを溶き入れ、板麩、えのきだけを入れ、みそを溶き入れ、味がよければ、青ねぎを加えて火を止める。

◆ ごまの香みそ汁

白ごまペースト（練りごま）（大）	1～1.5
板麩	1枚
えのきだけ	1/2束
青ねぎ（or青じそ）	少々
出し汁	3カップ～
みそ	適量

夏＊12

〈発芽玄米のごはん〉

〈豆腐のグリーンソース〉

①豆腐は布巾に包んでしっかり水切りする。

②きゅうりは5～6ミリの小口切りにし、米酢、塩と共にミキサーにかける。小さなボールに移し、分量のオリーブ油を加え、混ぜ合わせる。

③水切りした豆腐を厚み半分、横に半分（全部で4切れになる）に切る。両面にくず粉を茶こし等で薄くふり、フライパンにごま油少々をしき、両面を焼く。

④各器に②を適量しき、焼いた豆腐をおき、しょう油小さじ1／2（分量の1／4）ずつをぬりつけ、上に削りぶしをおく。

◆ 豆腐のグリーンソース

オリーブ油	（小）2
木綿豆腐	1丁
しょう油	（小）2
削りぶし	少々
くず粉	適量
◎・きゅうり（大）	1本
・米酢	（大）1
・塩	（小）1/4

豆腐のグリーンソース

〈トマトとズッキーニの炒めもの〉

①ズッキーニは、たて4～6等分し厚みは5～6ミリ位に切る（イチョウ切りの感じ）。にんにくはみじん切りにする。

②トマトは1～2センチ位のサイコロ状にザクザク切る(形はこだわらない)。

③厚手鍋を熱し、ごま油をしき、にんにくを炒め、よい香りがしはじめたら、ちりめんじゃこを加え、ざっと炒め、桜えびを加えて、またざっと炒めて、①のズッキーニを加え、塩少々をして、火を小さくしてゆっくり炒める。火が通ったところでトマトを加えたら火を少し大きくして、全体を混ぜ合わせながら、こしょうを加える。味を見て、少々のしょう油で味を整える。

〈おしゃれトマトかん〉

①棒寒天は1時間以上水に浸しておく。ゆでたまごは裏ごしする。

②①の寒天を細かくちぎり、分量の水と共に鍋に入れ、きれいに煮溶かし塩を加えて混ぜ合わせる。

③トマトジュースはボールにあけ、レモン汁を加え、混ぜる。

④水でぬらした流し缶を用意する。

⑤②の粗熱を取り、③へ加え、混ぜ合わせ、流し缶に流し入れ、冷やし固める。

◆ トマトとズッキーニの炒めもの

ズッキーニ	1本
トマト（大）	1ケ
桜えび	10g
ちりめんじゃこ	10～15g
にんにく	2～3片
塩、しょう油	各少々

◆ おしゃれトマトかん

棒寒天		1本
ゆでたまご		1ケ
レモン汁	（大）	1
水		300cc
トマトジュース		1本（190～200cc）
塩	（小）	1/2～1

⑥⑤の表面が少し固まりはじめたら、①の裏ごししたたまごを平らに全体にかぶせるようにおき、固まったら切って長芋の青のり衣と共に器に並べる。

〈長芋の青のり衣〉

①大皿に青のりと塩を入れ、よく混ぜ合わせ、広げておく。
②長芋は洗って皮をむき、たて半分に薄く（5～6ミリ位）切る。
③切ったら、すぐ①の青のりの中に入れ、まぶす。

〈インゲンと糸寒天の梅じそ和え〉

①インゲンは2～3ミリの斜め切りにする。梅漬じそはみじん切りにする。
②糸寒天は、ハサミで3～4センチに切り、熱湯に入れ、ざっとかき混ぜて、すぐザルに取り、冷水をかけながら、手でもみ洗い（軽く）する。糸寒天がサラサラしてきたらよい。
③板のりは火であぶり4センチ位の千切りにする。
④ボールに梅漬じそを入れ、レモン汁を入れ、寒天、インゲンを加え、混ぜ合わせ、板のりも加えてざっと混ぜる。

◆ 長芋の青のり衣

長芋	4～5センチ
青のり	（大）1強
塩	（小）1/4

◆ インゲンと糸寒天の梅じそ和え

ゆがいたインゲン	5～6本
糸寒天	10～15g
板のり	1枚
レモン汁	（小）1～2
梅漬じそ	（大）1～2

〈ナス入りトマトパスタ〉

① 中力粉、スギナの粉、塩をふるってボールに入れ、溶きたまごを加えよく混ぜ、水を少しずつ加え、耳たぶ位の固さになるようしっかり練りまとめ、固くしぼったぬれ布巾をかぶせて30～60分休ませる。

② 玉ねぎ、にんにくはみじん切りし、ごま油をしいて、しっかり炒める。

③ セロリはみじん切り、湯むき（皮）したトマトは粗みじん切り、パセリは軸ごとみじん切りにする（葉の部分のパセリを仕上げ飾り用に少し残す）。

④ ②が炒まってきたら、セロリ、パセリ、トマトと加えて炒め、トマトジュース、ワインを加え、ロリエも入れて煮込む（トロ火にする）。

⑤ ナスは薄切りにして油で炒めておく。

⑥ ①の休ませておいたたねを打ち粉をして、のばし（2ミリ位の厚さ）0.8～1センチ位の幅に切って、熱湯で10分ほどゆがく。

⑦ その間に煮込んだ④へ⑤のナスを加え、煮立たせ、味を見てよければ火を止めて、⑥のパスタを加え、からませて器に盛る（ロリエは除く）。

⑧ 上から、残しておいたみじん切りのパセリを散らす。

◆ ナス入りトマトパスタ

〈パスタ用〉

・中力粉（or強力粉、薄力粉を半々）		240ｇ
・スギナの粉	（大）	3
・塩	（小）	1
・水		80cc～
・たまご（大）		1ケ
完熟トマト（大）		2～3ケ
玉ねぎ（大）		1ケ
セロリ（中）		1本
にんにく		2片
トマトジュース		2本
塩	（小）	1～
ハチミツ	（大）	1
しょう油	（大）	2
パセリ		少々
ロリエ		1枚
ワイン（白or赤）	（大）	2～3
ナス		2本

※スギナは3月～4月はじめ（旬）に摘み、洗って乾燥させて薬草茶として利用するだけでなく、その乾燥させたスギナを、日をおかずに、すぐミキサー等で細かい粉にし、ビンに入れて保存すれば、青々としてきれいなので、クッキー等の菓子、パン等にも少しずつ入れて楽しめます。スギナは薬効のすぐれた野草です。どんどん利用しましょう。

〈わかめのざっと煮〉

①わかめは塩を洗い落とし、2～3センチに切りザルに上げる。

②板麩はびしょびしょにぬらした布巾に包んでおき、やわらかくなったら1～1.5センチ幅にきっちりと切る。

③油抜きした油揚げはたて半分に切り、千切りにしておく。

④出し汁を煮立て、みりん、しょう油、酢を加え、再び煮立ったら油揚げ、板麩、わかめの順に加え、トロ火で煮る。汁気が少なくなったら、中火にして、そっとかき混ぜながら汁気をとばす（焦がさないように）。

⑤生姜は針状に切り、④を盛りつけた上からのせる。

◆ わかめのざっと煮

わかめ（塩蔵）	50g
板麩	2枚
油揚げ	1枚
生姜	1片
出し汁	150～160cc
みりん	（大）1
しょう油	（大）1
酢	（小）2

〈きゅうりの納豆かけ〉

① にんじんは5～6ミリの小口切りにし、鍋に入れ、ひたひたの水を加えて煮（汁気をとばす）る。

② きゅうりは板ずりして（適当に塩をして）塩を洗い落とし、斜めに厚さ3～4ミリ位に切る。

③ 納豆は細かく刻んで、器（ボール等）に入れ、よくかき混ぜる。

④ ハチミツ、削りぶし、青のり、梅酢、しょう油を③へ加え、しっかりかき混ぜる。

⑤ 各々の皿にきゅうりとにんじんを並べ、④をそれぞれにかける。

◆ きゅうりの納豆かけ

きゅうり（中）	1本
にんじん（小）	1本
納豆	1包（100ｇ）
削りぶし	（大）2～3
青のり	（大）1
梅酢	（小）1
しょう油	（小）1
ハチミツ	少々

夏＊14

〈発芽玄米のごはん〉

〈納豆のおから和え〉

①おくらはさっと塩ゆでし、小口切りにする（5～6ミリの厚さ）。
②小鍋にごま油、酢、みりん、しょう油を入れ煮立せ、トロ火にし、おからを入れ、炒り煮して、冷ます。
③納豆はボール等に入れ、よくかき混ぜる。
④③へ冷めた②を入れ、削りぶしも入れ、よく混ぜ合わせる。さらにおくらも加え、全体にさっと混ぜ合わせて、各々の器に盛る。

〈板麩のスープ〉

①板麩は布巾に包んで、たっぷりの水に浸し戻す（型がくずれず戻る）。
②キクラゲは熱湯で戻し、石付を取り、千切りにする。

◆ 納豆のおから和え

納豆	1包（100g）	◎・酢	（大）1
おから	60g	・みりん	（大）1
おくら	2～4本	・しょう油	（大）1
削りぶし	（大）3～	・ごま油	少々

③おくらは塩ゆでして2～3ミリの小口切り。

④しらたきは3～4センチに切って湯通しして、ザルに上げる。

⑤にんじんは千切りにする。戻した板麩は1センチ幅に切る。

⑥出し汁としらたきを鍋に入れ煮立て、にんじん、キクラゲを加え、さらに板麩を加え、調味料を加え、味を見てよければ、生姜のしぼり汁を加え、おくらを加えて、全体に混ぜて火を止める。

〈焼きナス〉

①ナスは洗って、水気をきれいに拭き取る。

②温めておいたオーブン（220～230℃）で、金網を使い、①のナスを20～25分焼く。

③竹ぐしでさしてみて、中までやわらかくなっているようなら、すぐ氷水に取り、皮をむき、皿に取る。

④皿に取ったナスを8～12位に（1本を）手でさく。

⑤生姜をすりおろし、しょう油と合わせる。④を⑤で食する。

◆ 焼きナス

ナス	4本
生姜	1片
しょう油	適量

◆ 板麩のスープ

板麩	1と1/2
キクラゲ（干）	少々
にんじん（小）	4～5センチ
おくら	2～3本
しらたき	1/3～1/4袋
生姜のしぼり汁	（小）1
出し汁	3～3.5カップ
しょう油、みりん	各（大）1/2
塩	少々

〈わかめの信田巻き〉

①油抜きをした油揚げは三方の端を切り落とし、開いて1枚とする。
②わかめは塩を洗い落とし、ザルにできるだけ長いまま広げておく。
③えのきだけは石付のあたりを切り落とす。
④広げた2枚の油揚げの上に、各々わかめを広げながら、しきつめる（手前はきっちりで、向こう側は3センチ位あけておく）。
⑤④の上に（中央に）えのきだけを各々4等分し、頭と根元側を交互におき、油揚げの切れ端（三方の端を切ったもの）ものせる。
⑥端から巻きずしの要領で固めに巻き、端に小麦粉少々をつけてのり代わりとする。
⑦フライパンを熱し、油をしかずにやや火を細めて、のりづけ部分から焼き、閉じ口が焼けたら、全面が焼けるようにころがしながら焼く。焼き上がったら、1本を6つに切る。
⑧レモン汁としょう油を混ぜて、各々の器に少量ずつ入れ、その上に⑦を並べる。

◆ わかめの信田巻き

わかめ（塩蔵）	60ｇ
えのきだけ	3/4～1束
油揚げ	2枚
レモン汁orユズ汁	（大）1.5
しょう油	（大）2

夏＊15

〈発芽玄米のごはん〉

〈ナスのみそソースかけ〉

①玉ねぎはみじん切りにしてごま油でしっかり炒める。青じそを洗って水気を拭き取る。

②①がよく炒まったところで小麦粉を加え、さらに炒め、豆乳を加える。絶えずかき混ぜながらみそも加え、みそ入りソースを作る。

③ナスはたて半分に切り、格子に切り目を入れる。

④フライパンを熱し、ごま油をしき、ナスを焼く（蒸し焼きの感じにして中まで火を通す）。

⑤各々の皿に青じそとナスをおき、②のみそソースをかける。

〈わかめのスープ〉

①わかめは塩を洗い落とし、2～3センチに切りザルに上げる。

ナスのみそソースかけ

◆ ナスのみそソースかけ

ナス（小～中）	4本
玉ねぎ（大）	1/2ケ
豆乳	150cc
みそ	（大）2
小麦粉	（大）1
ごま油	適量
青じそ	4枚

②えのきだけは石付のあたりを切り落とし、2~3センチに切る。
③生姜は針のような千切り、ねぎは薄く小口切りにする。
④鍋に出し汁を煮立て、生姜、ねぎ、わかめ、えのきだけを加え、調味料を入れて、味を整え、火を止める。

〈豆腐の梅ダレかけ〉

①木綿豆腐は4つに切り、熱湯でざっとゆがき、冷水に取り、ザルに上げる(これを、さらに冷やしてもよい)。
②青じそは洗って水分を切り、千切りにする。
③梅ダレと出し汁、しょう油を合わせる(よく混ぜること)。
④各々の器に豆腐をおき、③の梅ダレをかけ、②の青じそを添える。
※梅ダレの作り方は、71ページ参照。保存しておいて応じて使う。

〈カロチンいっぱいサラダ〉

①カボチャは中わたを除き、2等分して蒸す。蒸し上がったら、それぞれ2つに切る。おくらは塩ゆでする。
②玉ねぎはみじん切りにし、ごま油でしっかり炒める。

◆ わかめのスープ

わかめ(塩蔵)	30g
ねぎ(小~中)	1本
えのきだけ	1/2束
生姜(小)	1片
出し汁	3~3.5カップ
しょう油	少々
塩	(小)1/2
酒	(大)2

◆ 豆腐の梅ダレかけ

木綿豆腐	1丁
青じそ(大)	4~5枚
梅ダレ (作り方は71ページ)	(大)2
出し汁	(大)1
しょう油	(大)1

③この間にパプリカピーマンは粗切り、にんじんは粗みじん切り、パセリの茎はみじん切りにする。

④②がよく炒まったら、にんじんを炒め、パセリの茎を加えて炒める。パプリカピーマンも加えて炒め、火が通ったら止める。

⑤④を冷まして、◎と共にミキサーにかける（色のきれいなドレッシングになる）。

⑥各々の皿に、カボチャとおくらを並べ⑤をかける。

◆ カロチンいっぱいサラダ

カボチャ	1/4ケ	◎・酢	（大）2
おくら	8本	・オリーブ油	（大）2
にんじん（中）	4～5センチ	・塩	（小）1
パプリカピーマン	2ケ	・こしょう	少々
玉ねぎ（中）	1ケ	ごま油	少々
パセリの茎	1～2本		

秋

秋＊1

〈発芽玄米のごはん〉

〈ししとうの板麸巻き〉

①薄く平らな器に（厚みがあるもの）出し汁としょう油を入れ、板麸を浸し、よく水分を吸収させる。

②ししとうは洗ってヘタの上部を切り取り、竹ぐしで数ヶ所穴をあける。

③①の板麸を大きく1枚に広げ4等分し（8枚できる）、茶こし等で片栗粉を表裏共にまぶす。

④③で②のししとうを2つずつ、各々しっかり巻き、端をきちっと留めて油で揚げる。

⑤洗って皮をむいた長芋をすりおろし、スダチのしぼり汁と塩をよく混ぜ合わせ、しょう油少々を加えて混ぜる。

⑥④を2つずつ器に盛り、上から⑤をかける。

◆ししとうの板麸巻き

ししとう	16本
板麸	2枚
出し汁	1/2カップ
しょう油	（大）1/2
塩	（小）1/2
長芋	250g位
スダチのしぼり汁	1ケ分
しょう油	少々
片栗粉	適量

〈カブのなめたけ和え〉

①カブは洗って1／2～1／4に切り、さらに2～3ミリ厚さに切り、塩をし、重しをしておく。葉と茎は洗ってゆがき、水気を切り5～6ミリに切る。

②なめこはざっとゆがきザルに上げる。えのきだけも1～1.5センチに切り、さっとゆがきザルに上げ水を切る。

③板のりはさっと焼き（あぶる）千切りにする。

④◎をよく混ぜ合わせ、なめこ、えのきだけを加え、よく混ぜ合わせる。①のカブの水を軽く切って加え、葉の部分も加え（多い場合は半量で）和える。

⑤各々の器に盛り③を散らす。

〈キャベツとちりめんじゃこの炒めもの〉

①キャベツの芯は薄く切りさらに千切りにする。葉の部分も千切り。

②生姜はみじん切りにする。

③厚手鍋（中華鍋など）にごま油をしき、生姜、ちりめんじゃこをカリカリする感じに炒める。

④③を取り出し、またごま油をしき、キャベツを炒め、③を戻し、全体を混ぜ合わせ炒め、青のりも加えざっと混ぜ、しょう油少々で味を整えて、火を止める。

◆ カブのなめたけ和え

カブ（中）	2ケ
なめこ	1袋（100ｇ）
えのきだけ	1/2袋
板のり	1/2枚
◎・しょう油	（大）1/2
・塩	（小）1/2
・ハチミツ	（小）1/2
・スダチのしぼり汁	1ケ分

◆ キャベツとちりめんじゃこの炒めもの

キャベツ（大）	3～4枚
生姜	1片
ちりめんじゃこ	40ｇ
ごま油	適量
青のり	（大）1
しょう油	少々

〈トマトスープ〉

① 玉ねぎ、にんにくはみじん切りにし、マーガリン、ごま油でしっかり炒める（強火で炒めて、油がよくまわったら、トロ火で蒸し煮にする）。

② じゃがいもは２～４つ切り、わかめは塩を洗い落とし、１～２センチに切りザルに上げる。

③ ①がよく炒まったところで、じゃがいもを加え、ざっと炒め、トマトジュースと水を加え煮、煮立ったらトロ火で煮込む。

④ 野菜がやわらかくなったら、カレー粉、塩、ハチミツで味付けし、さらに煮込み、トロッとしてきたら、わかめを加え、味を整えて火を止める。

※トマトジュースでなく、生のトマトを利用するのもよい。

◆トマトスープ

にんにく（大）	1片
玉ねぎ（大）	1ケ
じゃがいも（小）	2ケ
トマトジュース	2缶
水	1～1と1/2カップ
マーガリン、ごま油	各（大）1/2～
わかめ（塩蔵）	30～40g
カレー粉	（小） 1/2
塩	（小） 1/2～1
ハチミツ	（小） 1

秋＊2

〈発芽玄米のごはん〉

〈けんちん蒸し〉

①干ししいたけは半日以上水に浸し戻しておく。
②油揚げは油抜きをして三方を開き、1枚にする（2枚できる）。
③木綿豆腐は布巾に包み、軽い重しをして水切りする。
④桜えびはみじん切り。戻したしいたけ、にんじんは粗みじん切り。生姜はみじん切りにする。にんじんはここで、塩少々をする。
⑤ボールに③の豆腐をくずしながら入れ、さらに、しっかりつぶす。
⑥⑤へ桜えび、しいたけ、にんじん、生姜、青のりを加えて混ぜ合わせる。

けんちん蒸し

◆ けんちん蒸し

油揚げ	2枚
木綿豆腐	1/2丁
桜えび	10～15g
にんじん	30g
生姜（小）	1片
干ししいたけ（大）	1枚
凍豆腐	1ケ
塩	（小）1/2
青のり	（大）1/2～1
小麦粉	少々

⑦凍豆腐をおろし金ですりおろし、⑥へ塩と共に加え、混ぜ合わせ、2等分する。

⑧巻きすの上に②の油揚げを広げ、小麦粉を茶こしなどで少々ふりかける。

⑨⑧の上に⑦を広げてのせ、のり巻きのように巻き、端に小麦粉をつけてしっかり閉じる（巻きすのまま）。

⑩蒸気の上がった蒸し器で、巻きすごと中火で20分ほど蒸し、冷まして、適当に切る（巻きすがなければ、少し型が不安定ですが布巾でも代用できます）。

〈木の実のみそ焼き〉

①ぎんなんは殻を割り、塩ゆでし、薄皮を取る。

②くるみは2〜4つに割る。みそ、削りぶし、きな粉を混ぜ合わせる。

③②のみそを4等分し、5〜7センチ位のアルミホイルに平らに入れ、①のぎんなん、②のくるみ、松の実をうめ込むように（半分ほど見えるように）、飾りながらみその中におく。

④200℃のオーブンで、少し焦げめがつく程度に焼く。

※ぎんなんを塩ゆでするとき、水は少なめにして、穴あきのおたまの底でぎんなんをこすると、薄皮がきれいに取れる。

◆木の実のみそ焼き

ぎんなん	20粒
くるみ	4粒
松の実	適量
みそ（白、赤）各	（大）1.5
削りぶし	（大）2
きな粉	（大）2

〈ピーマンとにんじんの炒めもの〉

①ピーマンは2つ（たて）に切り、タネを出し、千切りにする。
②にんじんは斜め薄切りにしてから千切りにする。
③桜えびは粗みじん切りにする。
④フライパンを熱し、ごま油を入れ②をまず炒め、火の通ったところでピーマンを加え、油がなじんだところで桜えびを加え炒める。全体に火が通ったところで、塩、しょう油で味付けする。

〈大根とふのりのみそ汁〉

①ふのりは石付やごみを取り除く。
②油揚げは油抜きをしてたて半分に切って、千切りにする。
③大根も千切りにしておく。
④鍋に③の大根と出し汁を入れて煮立て、煮立ったら油揚げを入れる。
⑤④へみそを溶き入れて、ふのりと生姜のしぼり汁を加えて火を止める。
※生姜は身体を温め、毒消しをし、香りも楽しめる、と三拍子揃っています。大いに利用しましょう。

◆ ピーマンとにんじんの炒めもの

ピーマン	3ケ
にんじん（大）	1/2本
桜えび	10～15g
塩、しょう油	適量
ごま油	（大）1/2

◆ 大根とふのりのみそ汁

大根	4～5センチ
油揚げ	1/2～1枚
ふのり	1つかみ
生姜のしぼり汁	（小） 1
出し汁	3.5カップ
みそ	適量

〈発芽玄米のごはん〉

〈揚げ里芋のおろし煮〉

①里芋は皮のまま蒸して、皮をむき、3〜4つに切る。
②やや固めの天ぷらの衣をつけて、油で揚げる。
③大根をおろして、自然に水を切る（この水は捨てない）。
④ユズ皮は千切りにし、細ねぎは薄い小口切りにする。
⑤鍋に出し汁を煮立て、みりん、しょう油を加え、再び煮立ったら②の里芋を入れて、中火よりやや弱い火で煮る。
⑥⑤が煮立ったら③の大根おろしも加え、ざっと火を通して、火を止め器に盛り、④の細ねぎを散らし、ユズ皮を飾る。
※③の大根おろしの水にハチミツ少々を混ぜると、喉によい飲みものとなる。

揚げ里芋のおろし煮

◆ 揚げ里芋のおろし煮

里芋（大）	4〜5ケ
大根（中）	8〜10センチ
出し汁	2〜2.5カップ
細ねぎ	2〜3本
ユズ皮	少々
しょう油	（大）1.5
みりん	（大）2

他に天ぷら用の小麦粉、油

〈根菜ボール〉

①ごぼうは3〜4ミリ角に、れんこんは5〜6ミリ角に切る。にんじんも5〜6ミリ角に。

②長芋は皮をむいてすりおろし（ボールへ直接入れる）、塩を加える。①を全部入れて、小麦粉も加え、混ぜ、さらに青のり、削りぶしも加え混ぜ合わせる。

③油を熱し（180℃位）、スプーン（大さじ）で②をすくって、整えながら落とし、両面きつね色になる程度に揚げる。

※付け合わせにパセリを。パセリはビタミンC、カロチンの含有料が多いので、どんどん利用しましょう。

〈大根のみそ汁〉

①油揚げは油抜きをしてたて半分に切り、千切りにする。大根も千切りにする。

②鍋に大根と出し汁を入れ煮立てる。

③煮立ったら①の油揚げを入れ、再び煮立ったら、板のりを細かくちぎって入れ、すぐ、みそを溶き入れる。

◆ 根菜ボール

ごぼう	30 g
れんこん	100〜120 g
長芋	180〜200 g
にんじん	50 g
小麦粉	（大）4.5〜
青のり	（大）1/2
削りぶし	（大）2
塩	（小）1/2

◆ 大根のみそ汁

大根	4〜5センチ
油揚げ	1枚
板のり	1枚
出し汁	3〜3.5カップ
みそ	適量

〈小豆とにんじんのサラダ〉

① にんじんは千切りにし、塩をしておく。青菜は5～6ミリに刻む。

② フレンチドレッシングを作る（30ページ参照）。

③ ②のドレッシングの中へ、煮小豆を入れ、ざっと混ぜ、①を加えて混ぜ合わせる。

〈さつまいもとわかめの煮物〉

① さつまいもは洗って皮ごと1.5～2センチの輪切りにする。

② 鍋に①を並べて入れ、出し汁を加え煮る。

③ わかめは塩を洗い落とし、2～3センチに切る。

④ ②が煮立ったら、みりん、酒、しょう油を加え煮、煮立ったらトロ火にして③のわかめを加え、落としぶたをして煮る（汁気がほとんどなくなるまで、焦がさないように煮る）。

⑤ 生姜を針のような千切りにする。

⑥ ④を器に盛り⑤の生姜を飾る。

◆ 小豆とにんじんのサラダ

煮小豆	100 g
ゆがいた青菜	1/4～1/2 束分
にんじん（小）	1 本
フレンチドレッシング	適量
(作り方は30ページ)	

◆ さつまいもとわかめの煮物

さつまいも（細めのもの）	2 本
わかめ（塩蔵）	60 ～70 g
生姜（小）	1 片
出し汁	2.5 カップ～
しょう油	（大）1.5
みりん、酒	各（大） 1

秋＊4

〈くるみ入り蒸しパン〉……18センチ型

①型にマーガリンをぬっておく。小麦粉はふるっておく。
②みそと酒をしっかり混ぜ合わせる。
③黒ざとうは裏ごししておく（ザルで大丈夫）。
④くるみはみじん切りにする。小麦粉はふるっておく。
⑤③へ紅花油を加えてよく混ぜ、卵黄、②を加え混ぜ合わせる。
⑥蒸し器の用意をし、蒸気を立てておく。
⑦卵白をしっかり泡立てて⑤へ2回に分けて入れ軽く混ぜ合わせる。小麦粉を加え、さっくり混ぜ合わせて①の型へ流し込み、蒸気の上がった蒸し器で（強火で）20分蒸す。
⑧蒸し上がったら少しおいて型からはずし、金網の上で冷ます。

◆ くるみ入り蒸しパン

小麦粉（全粒粉、薄力粉半々）	180 g
たまご	4 ケ
酒	（大）2
みそ	（大）2
黒ざとう	50 g
紅花油（オリーブ油）	（大）3
くるみ	60～70 g
マーガリン	適量

〈しらたきの信田包み煮〉

①しらたきは2~3センチに切って湯通ししてザルに上げる。
②にんじんは千切りにして、塩をしてしんなりさせる。
③キクラゲは、細い千切りにする。油揚げは油抜きをして2つに切り4つの袋状にしておく。
④かんぴょうは湯で洗いしぼってザルへ。
⑤①は8等分、②、③は4等分にする。③の油揚げ（4つの袋）へまずしらたきの8等分を詰め、②を詰め、③を詰め（各々、4等分のもの）さらに、残りのしらたきを各々に詰めて閉じ、かんぴょうでしばる。
小鍋に◎を入れ、煮立ったら、⑤の信田包みを入れ、トロ火で落としぶたをして、汁気がなくなるまで、焦がさないように煮る。
⑥煮上がったら、半分に切り、切り口を上にして器に並べる。

〈昆布のみそかけ〉

①えのきだけは石付を切り取り、1~1.5センチに切る。
②昆布は千切りにし、くるみはみじん切りにする。
③鍋に酒を煮立て①のえのきだけ、②の昆布を入れ、しっかり火を通す（焦

◆ しらたきの信田包み煮

しらたき	1袋
にんじん	40g
キクラゲ（戻したもの）	20～30g
油揚げ	2枚
かんぴょう	適量
塩	少々
◎・出し汁	1カップ
・みりん	（大）1.5
・しょう油	（大）1.3

◆ 昆布のみそかけ

出しを取った後の昆布	100～130g
酒	（大）2～3
えのきだけ	1束
◎・みそ	（大）1.5
・ハチミツ	（小）2
・酢	（小）2
・くるみ	30g

がさないように）。

④◎のくるみ、ハチミツ、みそ、酢をよく混ぜ合わせる。

⑤③を各々の器に盛り、④を中央にのせる。

〈ほっと(する)スープ〉

①キャベツは千切りにする（軸は別にして薄く切り、千切りにする）。

②えのきだけは石付を取り、2～3センチに切る。桜えびはみじん切り、細ねぎは小口切りにする。

③鍋にごま油をしき、キャベツ、えのきだけ、桜えびをざっと炒め、出し汁を加えて煮立て、白みそを溶き入れる。味を見ながら塩を加え、細ねぎを加えて火を止める。

〈カラフル納豆〉

①にんじんは7～8ミリのサイコロ状に切り、ひたひたの水から煮る（汁気をとばす）。

②チーズも7～8ミリのサイコロ状に切る。塩ゆでブロッコリーは1～1.5センチ位に（乱切り）切る。

◆ ほっと(する)スープ

キャベツ（大）	2～3枚
えのきだけ	1/2束
桜えび	10g
細ねぎ	3～4本
白みそ	50g～
出し汁	3.5カップ～
塩	適量
ごま油	（大）1/2～1

◆ カラフル納豆

納豆	1包（80～100g）
チーズ	60～70g
にんじん	70～80g
塩ゆでブロッコリー	70～80g
削りぶし	（大） 2～
みりん	（大） 1/2
しょう油	（大）1/2～

③ボールに納豆を入れ、よくかき混ぜ、みりん、しょう油を加え、味を見ながら加減し、にんじん、チーズ、ブロッコリー、削りぶしを加え、かき混ぜて、味を整える。

※発酵食品は腸内で各種のビタミンを合成し、消化を助け、整腸効果を上げてくれます。その上、納豆菌は熱にも強いので、いろいろな料理に応用できます。大いに利用しましょう。

秋＊5

〈昆布と大豆のパイ詰め〉

①ボールに小麦粉と強力粉をふるいながら入れる。そこへマーガリンを加え、スプーン等で（手を使わない）マーガリンをつぶしながら小麦粉に混ぜ込んでいく。

②よく混ざったところで冷水を入れ、周囲の粉をくずしながら混ぜ込み、スプーンでこねていき、固くしぼったぬれ布巾で包み、30分位ねかせる（夏は冷蔵庫で）。

③その間に、詰めものやソースの用意をする。昆布は2～3センチ長さの千切りにする。

④煮大豆に塩小さじ1／2を加え混ぜ合わせる（分量の半分の塩）。

⑤じゃがいもは皮をむいて、1～1.2センチ角に

昆布と大豆のパイ詰め

◆ 昆布と大豆のパイ詰め

〈パイ生地〉

・強力粉	70 g
・小麦粉	70 g
・マーガリン	60 g
・冷水	40cc

〈ソース〉

・たまご（大）	1ケ
・豆乳	1カップ

〈詰めもの〉

・煮大豆	200 g
・チーズ	80 g
・ふかしじゃがいも（中）	2ケ
・出しを取った後の昆布	2～3枚

こしょう	少々
塩	（小）1

切る。チーズも0.7～1センチ角に切る。
⑥たまごをよく溶きほぐし、豆乳を加え、塩小さじ1／2（残りの半量）とこしょう少々を加え、よく混ぜておく。
⑦②のパイ生地を、少々の打ち粉をしながら、めん棒でのばし、パイ皿に入れる。茶こしで少しの粉をふり、④の煮大豆、③の昆布を全体に広げながら入れ、さらに⑤のじゃがいも、チーズを散らすようにのせる。
⑧⑦の上に、よく混ぜた⑥のソースを流し込み、温めておいたオーブン（180℃）で35～40分焼く。このとき、表面が乾いてきたら、アルミホイルをかぶせる（焼き上がり5～6分前）。

〈ごぼうのサラダ〉

①ごぼうは斜め薄切りし、千切りにする。鍋に出し汁と共に入れ煮立て、トロ火にして5～6分煮、みりん、しょう油を加えさらに煮込む。
②焦がさないように汁気がなくなるまで煮、冷ましておく。
③長芋は千切りにしてソィーマヨネーズ（29ページ参照）をまぶしておく。
④③へ②の冷めたごぼうを加え、ソィーマヨネーズで味を整える。

◆ ごぼうのサラダ

ごぼう（小）	1本
長芋	ごぼうの半量
出し汁	1～1.5カップ
みりん、しょう油	各（大）1
ソィーマヨネーズ	適宜
(作り方は29ページ)	

〈みそ和え団子〉

①りんごはすりおろす。ボールに白玉粉を入れてりんごを加えよく混ぜ合わせ、なめらかになったら玄米粉を加え、さらに練り混ぜる。

②①がよく練り混ざったら、20ケの団子にする（平たい団子にする）。

③みそと白ごまペーストをしっかり混ぜ合わせ、ハチミツを加え、さらに混ぜ、水も加えて、ねっとりしたみそダレを作る。

④沸騰したたっぷりの湯に②の団子を入れ、浮き上がってきたら、２～３分そのままにし、水をはったボールへ取り、ザルに上げ水気を切る。

⑤③のみそダレで和える。

〈里芋のみそ汁〉

①里芋は皮をむいて、４つ切りにする。ねぎは１センチ位の小口切りにする。

②鍋に出し汁と共に里芋を入れ煮立てる（ふきこぼさないように注意）。

③里芋がやわらかくなったら、ねぎを加え、再び煮立ったら、板のりをちぎって加え、みそを溶き入れる。

◆ みそ和え団子

白玉粉		100 g
玄米粉		50 g
りんご（皮とタネをのぞいて）		150 g
みそ	（大）	１強
白ごまペースト（練りごま）	（大）	2
ハチミツ	（大）	1
水	（大）	1/2～1

◆ 里芋のみそ汁

里芋（中）	２ケ
ねぎ（小）	１本
板のり	１枚
出し汁	３カップ～
みそ	適量

秋＊6

〈発芽玄米のごはん〉

〈蒸しカボチャのマヨネーズかけ〉

① りんご、にんじん、生姜はすりおろす（生姜はすりおろして小さじ1～2杯程度になる分量で）。

② 小さなボールにソィーマヨネーズを入れ、①のりんご、にんじん、生姜のすりおろしを加えよく混ぜて味を見ながらしょう油を加え味を整える（ソース）。

③ ブロッコリーは小房に分け、塩ゆでし、ザルに取り、塩少々をする。

④ カボチャは分量を4等分し（タネ、わたを除く）、蒸す。

⑤ マッシュルームは石付の先だけ切り取り、布で拭いて半分に切る。

⑥ フライパンにごま油をしき、マッシュルームを焼く。

⑦ 各々の皿に蒸したカボチャ、ブロッコリー、マッシュルームを並べ、②のソースを添える。

◆ 蒸しカボチャのマヨネーズかけ

カボチャ（中）	1/4ケ
マッシュルーム（ブラウン）	4～8ケ
ブロッコリー（大）	1/4ケ
ごま油	適量
◎・りんご（小）	1/4ケ
・にんじん	2～3センチ
・生姜	少々
・ソィーマヨネーズ	（大）3～4
・しょう油	適量

〈にんじんスープ〉

①にんにく、玉ねぎをみじん切りにし、しっかり炒める。

②その間に、にんじんやひえの用意を。にんじんは丸のまま5～6ミリに切る。ひえは茶こし等を使って洗い水気を切る。

③①の玉ねぎがペタペタになりよく炒まったら、にんじんを加え、ざっと炒めて油がなじんだら、ひえを加え、さらに分量の水を加えて煮る。

④煮立ったらトロ火で20分ほど煮て、トマトジュースを加え煮る。火を止めて、しばらく冷まし、ミキサーにかける。

⑤鍋に戻し温め、塩、こしょうで味を整え、各々の器に入れ、クルトン、パセリを散らす。

※クルトンの作り方は51ページ参照。

〈にんじんの梅肉じょう油和え〉

①ブロッコリーの茎は皮の固い部分などを除き、たてに4～5等分にして、「蒸しカボチャのマヨネーズかけ」で小房に分けたブロッコリーをゆがいた後に同じように塩ゆでしておく。

②にんじんは3～4センチ長さで、4～5ミリ角の棒状に切り、少々の水と

◆ にんじんスープ

にんじん（大）	2本
玉ねぎ（大）	1ケ
にんにく	1片
ひえ	1/3～1/2カップ
水	5カップ
塩	（小）1～
こしょう	少々
トマトジュース	1/2缶

他に　ごま油、クルトン、パセリのみじん切り

共に小鍋に入れ焦がさないよう煮切る。ブロッコリーの茎はにんじんに合わせて切る。

③桜えびは粗く刻み、焦がさないよう空炒りし、白炒りごまはする。

④梅肉は刻み叩きつぶし、ごまと◎と共によく混ぜ合わせ、ブロッコリーの茎、にんじん、桜えびを和える。

〈小芽ひじきのつくだ煮〉

①ひじきは20分位水につけておき、上から砂やごみを落とすように、少しずつ、手ですくって、ザルに上げる。こうして3度位洗って、ザルに取る。

②鍋に①と分量のみりん、しょう油を入れ、トロ火で煮る。

③しばらく煮ると、いいにおいがして、ひじきに火が通っているのがわかるので、そのままほとんど汁気がなくなるまでときどきかき混ぜながら煮る。

④汁気がほとんどなくなったら、削りぶしを加え、ざっとかき混ぜ、全体に火が通ったら出来上がり。よい保存食になります。

◆ にんじんの梅肉じょう油和え

にんじん（中）		1本
ブロッコリーの太い茎の部分		適量
桜えび		10 g
白炒りごま	（大）	2
梅干（大）		1ケ
◎・米酢	（大）	1と1/2
・しょう油	（大）	1と1/2～
・ハチミツ		少々

◆ 小芽ひじきのつくだ煮

小芽ひじき	50 g
削りぶし	20 g
みりん	（大） 4
しょう油	（大） 3

秋＊7

――ロシア料理――

〈ピロシキ〉

①たまごは固めのゆでたまごにする。

②強力粉、小麦粉、黒ざとう、塩をよくふるいボールに入れ生種と分量の水を加え、しっかりこね叩き1.5～2時間、30℃前後で発酵させる（皮）。

③その間に具（中味）を作る。玉ねぎは半分に切って薄切りにして炒める（焦がさないようにしっかり炒める）。

④キャベツは粗い千切りにし、①のたまごはみじん切りにする。

⑤③の中へキャベツを加え、ゆっくり炒め、グルテンバーガーも加え炒める。

⑥⑤へ④のたまご、調味料を加え、炒め、味を整え火を止め冷ます。

⑦発酵した皮だねの空気ぬきをして、16等分し、⑥の具も16等分する。

⑧⑦の皮を小判型に広げ具を包み、周りをきちんと閉じる（空気を入れない）。

◆ピロシキ

〈皮〉

・強力粉		200 g
・小麦粉		300 g
・水		250cc～
・黒ざとう		20 g
・塩	（小）	1/2
・生種（天然酵母） （作り方は33ページ）	（大）	3弱
揚げ油		

〈中味（具）〉

・玉ねぎ（中）		1ケ
・たまご		2ケ
・グルテンバーガー		1/2缶
・キャベツ		200 g
・塩	（小）	1/2
・こしょう		少々
・カレー粉	（小）	1と1/2
・しょう油	（大）	1強

⑨ ⑧を10～20分ほど2次発酵させ、180℃位の温度の油で3分位揚げる（きつね色程度）。

〈ボルシチ〉

① 車麩は水に浸して戻しておく。

② 玉ねぎ、にんにくはみじん切りにし、鍋にマーガリンをしき、しっかり炒める（はじめ強火で、すぐトロ火にしてふたをして、ときどき様子を見ながら、ゆっくり炒める）。

③ じゃがいもは4つ切りにし、面取りをする。にんじんは2～3センチに切り、面取りをする。

④ キャベツは乱切りにし、パセリは葉と茎に分け、茎はみじん切り、葉の方は、すっかり水分を布巾で取り、細かいみじん切りにする。

⑤ ②の玉ねぎがよく炒まってペタペタになった頃、にんじん（面取りしたくずも一緒に）を加え炒め、じゃがいも（面取りくずも）も炒める。さらにキャベツを加え炒め、全体によく炒まったところで、煮大豆、大豆の煮汁、水を加えて煮る。

⑥ 煮立ったら、トマトジュースとパセリの茎を加え、ロリエ1枚も加え煮る。

◆ ボルシチ

玉ねぎ（中）	2ケ	車麩	3～4ケ
にんじん（中）	1本	ロリエ	1枚
じゃがいも（中）	2ケ	水	2カップ～
キャベツ	50～80g	塩	（小）1～
煮大豆	1カップ	こしょう	少々
大豆の煮汁	1カップ～		
マーガリン	（大）1.5		
にんにく（大）	1片		
パセリ（小～中）	5～6枝		
トマトジュース	2缶		

再び煮立ったら、トロ火にする。

⑦①で戻しておいた麩の水分をしぼり、6~8ケに切り⑥へ加え、ことこと1時間位煮る。

⑧どの野菜もすっかりやわらかくなったら、塩、こしょうを加え、さらに煮、トロッとしてきたら、味を見てよければ火を止め、器に入れる。みじん切りパセリを散らし（さらに、スキムミルクを茶さじ山もり1を上からふりかけるといっそう味がひきたつ）、食する。

〈ロシアケーキ〉

①マーガリンはクリーム状に練り、黒ざとうをふるって加え、よく練り、たまごも加え、混ぜる。

②①へレモン汁とチンピを加え混ぜ、湯で洗って刻んだレーズンと、みじん切りにしたくるみも加えてよく混ぜる。

③小麦粉、タンポポコーヒー、黒炒り玄米粉をふるって②へ加え、混ぜ合わせる。

④③の分量で24枚分のロシアケーキができるので、鉄板にペーパーをしいて、短冊型に形作りながら、1つの鉄板に12ケを並べる。

◆ ロシアケーキ

小麦粉	150 g
タンポポコーヒー（粉）	10 g
黒炒り玄米の粉	10 g
マーガリン	80 g
黒ざとう	40 g
たまご	2ケ
レモン汁	1/2ケ分
チンピ	（小）2
(みかんの皮の干し粉にしたもの)	
レーズン	50 g
くるみ	70 g

⑤ 170℃に温めたオーブンで10分焼き、火を弱めて（100～120℃）10分焼いてカラっとさせ、網の上で冷ます。

※オーブンの鉄板の大きさによって並べ方を加減してください。後になる生地が乾燥しないように注意（ラップなどでおおっておく）。

※ロシアケーキは軽くておいしい菓子で、クッキーより大人の味のように思います。

秋＊8

〈秋のおこわ〉

①玄米、餅玄米、小豆、松の実を洗い、ザルに上げる。
②①と塩、分量の水を加えて、圧力釜でふだんの玄米ごはんの炊き方で炊く。
③戻したしいたけは0.5～1センチ角に切って、◎印の調味料で焦がさないよう煮切る。
④ぎんなんは殻を割り、塩ゆでし、薄皮を取り半分に切る。
⑤炊き上がったごはんに③、④を混ぜ合わせる。きれいに洗った葉ランに各々盛る。

〈山芋のスープ〉

①クコの実は洗ってザルへ。ふのりはごみを取り除く。

秋のおこわ

◆ 秋のおこわ

餅玄米	1カップ	◎・しょう油	(大) 1
玄米	1カップ	・みりん	(大) 1
小豆	50g	・出し汁	(大) 2
松の実	30g	水	450cc
干ししいたけ（中）(もどしたもの)	4～6枚	塩	(小) 1/2
ぎんなん	20粒		

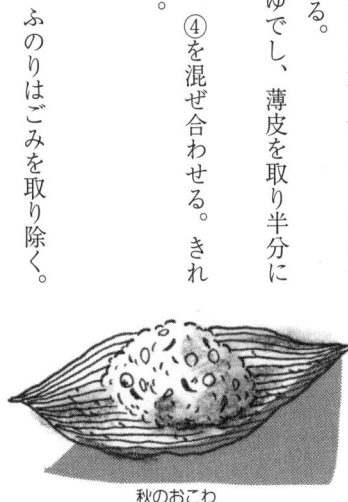

②ねぎ（太）は薄い小口切り、葉ねぎは4～5ミリの小口切り、生姜はみじん切り。山芋は皮をむいて7～8ミリの厚さの輪切りにする。

③鍋に出し汁と共に、生姜、山芋、クコの実を入れ煮る。煮立ったら、塩、酒を加え、ねぎ（太）も加え、味を見ながら、しょう油を加え、味を整えて、ふのり、葉ねぎを加えて火を止める。

〈雪山三彩〉

①◎の調味料を混ぜ合わせる。

②長芋は洗って皮をむき、長さ3センチ位の千切りにし、切るそばから①の中へ放り込んでいく。にんじんは千切りにし、塩少々を。あさつきは小口切り。

③なめこは熱湯をくぐらせ、ザルに上げる。

④①へなめこ、にんじん、あさつき（あさつきを少し残して）を加えて混ぜ、各々、小鉢に盛り、残りのあさつきを散らす。

〈きのこ炒め〉

①生しいたけは石付の先を切り取り、ごみを落とし、布で拭き、厚めの千切りにする。しめじは石付を取り除き、バラバラにほぐす。

◆雪山三彩

長芋	150g
なめこ	1袋
にんじん	10～15g
あさつき（or葉ねぎ）	3～5本
◎・生姜のしぼり汁	（小）1
・梅酢	（大）1
・米酢	（大）1
・しょう油	（小）1
・オリーブ油	（大）1

◆山芋のスープ

山芋（中）（大和芋、長芋）	1/2本
クコの実	（大）2～3
ねぎ（太）	1/2本
ふのり	1つかみ
葉ねぎ	2～3本
生姜	少々
出し汁	3.5～4カップ
塩	（小）1/2
酒	（小）1
しょう油	（小）1

②えのきだけは石付の部分を切り取り、3～4等分に切る。
③にんにく、生姜はみじん切り、桜えびは粗みじん切りにする。
④◎を小さなボール等で、よく混ぜ合わせておく。
⑤厚手鍋を熱し、ごま油大さじ1をしき、にんにく、生姜をざっと炒め、桜えびを加え、生しいたけを加え、しめじも加え、えのきだけも加え炒める。
⑥全部に火が通ったら、④を混ぜながら流し入れ、ざっと混ぜ合わせ、火が通って固まってきたら、味を見、よければ火を止める。

◆ きのこ炒め

生しいたけ	5～6枚
しめじ	1～1と1/2袋
えのきだけ	1袋
生姜	1片
にんにく（大）	2片
桜えび	10～15g
◎・しょう油	（大）1.5～2
・酒	（大）1
・くず粉	（大）1
・出し汁	（大）1～1.5

〈発芽玄米のごはん〉

〈ごま豆腐〉

① 流し缶は洗って水でぬらしておく。

② 鍋に分量のくず粉と出し汁を入れ、混ぜ合わせ、よく混ざったところで、ごまペーストと塩を加え、さらによく混ぜる。

③ ②を火にかけ、絶えず木ベラでかき回しながら煮、すっかり固まってきたら、それからさらに5分、中火でしっかりかき混ぜ続ける。

④ ③を①の流し缶に入れ、冷やし固める。

⑤ すっかり固まったら型から出し、適当に切る。

⑥ 器に青じそをしき、ごま豆腐をおき、おろし生姜を添える。しょう油でどうぞ。しきみみそでも可。しきみみそは、みそとみりん（分量は好みで）を混

ごま豆腐

◆ ごま豆腐

白ごまペースト（練りごま）	60 g
くず粉	50 g
出し汁	500 g
塩	（小）1/2
生姜	1片
しょう油	適量
青じそ	4枚〜

ぜ合わせ火を通す。

〈大根とふのりのサラダ〉

①大根は千切りにして塩をする。
②ふのりはごみや石付を取り、ザルに入れ、熱湯をかける。玉ねぎはみじん切りにする。
③フレンチドレッシングを作り（30ページ参照）、玉ねぎを加え、混ぜ合わせ、大根、ふのり、煮ひじきを和える。

〈ごぼうのキンピラ風〉

①ごぼうは斜めに薄切りにし、白ごまは粗ずりにする。
②鍋にごま油をしき、①のごぼうをゆっくり、しっかり炒める。
③②へ出し汁を加え煮（トロ火）、やわらかくなったら、みりん、しょう油を加える。トロ火で焦がさないよう汁気がほとんどなくなるまで煮る。
④③へ①の白ごまを加え絡ませて火を止め、インゲンを添えて、盛り合わせる。

◆ 大根とふのりのサラダ

大根	3～5センチ
ふのり	1つかみ
玉ねぎ	少々
煮ひじき	適量
フレンチドレッシング（作り方は30ページ）	適量

◆ ごぼうのキンピラ風

ごぼう		1本
白炒りごま	（大）	1
出し汁		1カップ～
みりん	（大）	2
しょう油	（大）	1.5～2
ごま油	（大）	1/2～1
付け合わせに塩ゆでインゲン		適量

〈ロシアスープ〉

①ブロッコリーは小房に分けて青くゆがき、塩少々をふりかける。

②にんにく、玉ねぎはみじん切りにし、深鍋にごま油をしき、しっかり炒める。

③その間に、茶こし等でひえを流さないよう気をつけて洗い、水気を切る。

④じゃがいもは4つ切りにして面取りをし、にんじんは1.5～2センチの厚さに切り面取りをする（面取りしたくずは捨てない）。

⑤カボチャは1～1.5センチ厚さに切り、大きさは適当に切る。

⑥②の玉ねぎがよく炒まったところで、にんじん（面取りくずも）を加え炒め、じゃがいも（面取りくずも）も加え炒め、さらにカボチャも加え炒める。

⑦野菜に油がまわったら、ひえと分量の水を加え煮る（トロ火でじっくり）。

⑧カボチャが煮くずれてくる頃、トマトジュースを加え、さらに煮立て、塩、こしょうで味付け。そのままトロ火で煮込み、トロッとしてきたら味を見て、よければ①のブロッコリーを加えて火を通し止める。

※身体が芯から暖まる、おいしいスープです。

◆ ロシアスープ

玉ねぎ（大）	1ケ	塩	（小）1
にんにく	1片	水	3～3.5カップ
じゃがいも（小～中）	2ケ	ごま油	少々
にんじん（小）	1本		
カボチャ（小）	1/4ケ		
ブロッコリー（小）	1/2ケ		
ひえ	1/4～1/3カップ		
こしょう	少々		
トマトジュース	1本		

秋＊10

〈大豆のグラタン〉

①玉ねぎはみじん切りにし、厚手鍋にマーガリンを入れ、しっかり、ゆっくり炒める。

②その間にパセリの茎と葉の部分を分け、各々みじん切りにする。しめじは石付を取り、バラバラにしておく。

③①がよく炒まったら、パセリの茎を加え、ざっと炒め、すぐ煮大豆を加え炒める。小麦粉も加え焦がさないよう炒めてから豆乳を加え、ホワイトソース状にし、塩、こしょうを混ぜ合わせ、火を止める。

④チーズを5ミリ角位に刻み、4等分しておく。

⑤器に薄くマーガリンをぬり、③を各々の器に流し入れ、④のチーズをパラパラとふりかけ、パン粉を表面にかぶせる。小指の先ほどのマーガリンを中央におき、温めておいたオーブン（220℃）で10分焼く。

⑥焼き上がったら、パセリの葉のみじん切りを散らす。

◆ 大豆のグラタン

煮大豆	2カップ～	塩	（小）1/2～
しめじ（ひらたけ）	1袋	こしょう	少々
マーガリン	（大）2.5	他にマーガリン少々	
玉ねぎ（大）	1ケ		
パセリ	4～5枝		
小麦粉	（大）2		
豆乳	2カップ		
チーズ	60g		
パン粉	適量		

〈磯のり寒天〉

①1時間以上水に浸しておいた寒天の水分をしぼり、細かくちぎって、出し汁と共に鍋に入れ、煮溶かす。

②きれいに溶けたら香りづけ程度のしょう油を入れ、かき混ぜて火を止める。

③青菜（葉の部分を使う）は、細かく刻み、つくだ煮のりと共にボールに入れ、粗熱を取った②と混ぜ合わせ、用意しておいた流し缶に入れ、冷やし固める。

◇つくだ煮のりの作り方

①鍋に出し汁を入れ、板のりを4～6つ切り位にして入れ、30～60分位浸しておく（火はつけない）。

②①を箸でかき混ぜると、溶けてくるので、火にかけ（トロ火）、みりん、しょう油を加えて、かき混ぜながら煮る。火を調節しながら（大きくしたり、小さくしたり）焦がさないよう煮つめる。固さはお好みで。

〈キャベツのくるみ和え〉

①キャベツはゆがいてザルに上げ、水気を切り、1～1.5センチ位に切る。

◆ 磯のり寒天

つくだ煮のり	（大）5～6
ゆがいた青菜	40ｇ位
棒寒天	1本
出し汁	500cc
しょう油	少々

◆ つくだ煮のり

板のり	10枚
出し汁	1カップ
しょう油	1/2カップ
みりん	1/4カップ

②青菜は5ミリ位に切り、くるみはみじん切りにする。
③ボールに練り辛子としょう油を入れ混ぜ合わせ、くるみのみじん切り、スダチのしぼり汁を加え、混ぜ合わせ、①、②を加え混ぜ合わせる。

〈トウガンのスープ〉

①棒寒天はちぎり水に浸す。油揚げは油抜きして半分に切り、千切りにする。
②トウガンは皮をむき、わたの部分を取り除き、一口大に切る（厚みは7～9ミリ位）。
③えのきは石付を取り、1.5～2センチに刻む。にんじんは千切りにする。
④ミツバは葉の部分は千切り、茎・根（ひげ根の部分は除く）は細かく刻む。
⑤出し汁を煮立て、トウガンを加え煮立ったら、トロ火で2～3分煮る。にんじん、ミツバの茎（根も）、えのき、油揚げを加え、塩、しょう油も加え、①の寒天を固くしぼって加え、味を整えてから火を止め、ミツバの葉を加える。

◆ キャベツのくるみ和え

キャベツ（大）	3～4枚
ゆがいた青菜	適量
練り辛子	1～1.5g
しょう油	（大）1～1.5
くるみ	20g
スダチ	1ケ

◆ トウガンのスープ

トウガン	400g位
えのきだけ	1/2束
にんじん	4～5センチ
油揚げ	1/2枚
根ミツバ	3～4本
棒寒天	1/2本
出し汁	3.5カップ～
塩、しょう油	適量

秋＊11

〈発芽玄米のごはん〉

〈板麩とわかめのロースト〉

①板麩は布巾に包んで、そのままたっぷりの水に浸し戻す。
②わかめは塩を洗い落とし、1～2センチに刻み、ザルに上げる。
③①の板麩は1センチ幅に切る。
④生姜は針のような千切りにする。
⑤たまごを割りほぐし、みりん、しょう油、酒を加えてよく混ぜ、②、③、④を加えて、さらに混ぜ合わせる。
⑥フライパンを熱し、油をしき、⑤を流し入れ、トロ火で蒸し焼きにする。
⑦4～8枚に切って、各々の皿に並べる。

〈ポテトのにんにく焼き〉

①じゃがいもは丸ごとやや固めにゆで、皮をむいて1センチ位の短冊に切る。
②にんにくはみじん切り、パセリは洗った後、茎と葉の部分に分け、しっか

◆ 板麩とわかめのロースト

たまご	3ケ
板麩	1と1/2枚
わかめ（塩蔵）	50g
生姜	1片
みりん、しょう油	各（大）1
酒	（大）1/2

り水分を拭き取る。茎の部分も、葉の方も、各々みじん切り。
③フライパンか厚手鍋にごま油をしき、トロ火でにんにく、パセリの茎をざっと炒め、①のじゃがいもも加え、焦がさないよう、やや火を強めて炒める。塩、こしょうし、カレー粉も（茶こしを使って）加える。
④③へパン粉を加えて、全体によく混ぜ、パセリの葉も加え、ざっと混ぜ合わせて、火を止める。

〈ごぼうのみそ煮〉

①こんにゃくは厚みを半分に切り、表裏に網目状に切り目をつけ、さらに、1センチ幅に切る。
②①のこんにゃくを小鍋にたっぷりの水と共に入れ、沸騰させ、ザルに上げておく。生姜はみじん切りにする。
③ごぼうは洗って7～8ミリの斜め切りにする。
④しめじは石付を取り、バラバラにする。
⑤鍋にごま油をしき、③のごぼうをしっかり炒

ごぼうのみそ煮

◆ ごぼうのみそ煮

ごぼう（小～中）		3～2本
板こんにゃく		1/2枚
しめじ		1袋
生姜（小）		1片
みそ	（大）	2
みりん	（大）	2
しょう油		少々
出し汁		2カップ
ごま油	（大）	1/2カップ

◆ ポテトのにんにく焼き

じゃがいも（中）		3ケ
にんにく（大）		2～3片
パセリ（小～中）		3～4枝
パン粉	（大）	1～
ごま油	（大）	1
塩	（小）	1/2～
こしょう		少々
カレー粉	（小）	1/2

める。

⑥⑤へ出し汁を加え、15～16分煮て、ごぼうがやわらかくなったら、こんにゃく、しめじを加え、みそ、みりん、しょう油も加え、汁気がほとんどなくなるまで煮る（途中で、生姜を加える）。

〈大根のユズ和え〉

①青菜はゆがいてしっかり水気をしぼり、2～3センチに切り、しょう油少々をかける。

②大根は千切りにし、塩をする。

③にんじんも千切りにし、塩をする。

④熱湯へちりめんじゃこを入れ、ざっとかき混ぜ、すぐザルに取る。

⑤ユズ皮少々は千切りにしておく。①、②、③、④をしぼったユズ汁で和える。味が薄いようなら、しょう油少々を加え混ぜ合わせ、各々の器に盛り分け、ユズ皮の千切りを飾る。

◆ 大根のユズ和え

大根	4～6センチ
ちりめんじゃこ	10g
青菜	1/4～1/3束
にんじん	大根の半量
ユズ（orカボス等）	1ケ
塩、しょう油	適量

秋＊12

〈発芽玄米のごはん〉

〈海の香りオムレツ〉

①ふのりは石付やごみを取り除く。
②桜えびはみじん切りにし、玉ねぎもみじん切りにする。
③煮ひじきは5～6ミリに刻んでおく。
④フライパンを熱し、ごま油少々で、玉ねぎをしっかり炒める。炒まったら塩少々をふり、ざっと混ぜ火を止める。
⑤たまごはよく溶きほぐし、①のふのり、②の桜えび、③のひじき、青のり、削りぶし、冷ました④の玉ねぎ、さらに◎を加え、よく混ぜ合わせる（味を見て、しょう油を加減してください）。
⑥フライパンを熱し、ごま油を入れ、⑤をざっと入れて箸で大きくかき回し、半分火が通ったところで、トロ火にして4つの固まり（オムレツ型）にして、

◆ 海の香りオムレツ

煮ひじき	20～30ｇ
ふのり	5ｇ
青のり	（大）1
桜えび	10ｇ
削りぶし	（大）2
たまご	3ケ
玉ねぎ（小）	1ケ
ごま油	（大）1/2～1

◎・出し汁	（大）	1
・酒	（大）	1/2
・塩	（小）	1/2～
・しょう油	（小）	1

それぞれを端の方へやり、形よく焼き上げる。
※オムレツは表裏に少し焼目をつけ、中味はやわらかく。

〈青菜のおひたし〉

①青菜はゆがき、冷水に取り（水を3～4回取り替え）固くしぼり、1～2センチに切る。
②キャベツもざっとゆがきザルに取り、1センチ幅位に切る。
③わかめは塩を洗い落とし1～2センチに切り、熱湯をかけ、冷水に取りザルに上げ、水を切る。
④ボールにスダチのしぼり汁としょう油を入れ、よく混ぜ合わせ、①の青菜、②のキャベツ、③のわかめを加え、ざっと混ぜる。削りぶしも加えて、混ぜ合わせる。

〈のっぺい汁〉

①干ししいたけは半日以上水に浸して戻し、千切りにする。
②こんにゃくは太めの千切りにし、ゆがきザルに上げる。
③油揚げは油抜きをして半分に切り、千切りにする。ごぼうはささがき、大

◆ 青菜のおひたし

青菜（小松菜、ほうれん草、春菊など）	1束
キャベツ（大）	2枚
わかめ（塩蔵）	30g
スダチのしぼり汁	2ケ分
しょう油	スダチの2/3量位
削りぶし	（大）2

根は千切り、にんじんも千切り、里芋は4半分に切り、面取りをする。
④厚手鍋にごま油をしき、ごぼうをしっかり炒め、こんにゃく、大根、にんじん、しいたけと順次加えては炒めていき、里芋も加えてざっと炒める。出し汁を加え、煮立ったら油揚げも入れ、ゆっくり煮込む。材料がやわらかくなったら、酒、しょう油、塩で味を整え、よければ水溶きくず粉を加え混ぜ、とろみがついたら小口切りした青ねぎを加え、火を通し、止める。

〈きのこの梅肉和え〉

①えのきだけは石付あたりを切り取り4つに切る。
②しめじも石付を切り取り、バラバラにほぐす。
③キクラゲは熱湯で戻し、石付を取り千切りにする。
④油揚げは油抜きをし、千切りにする。
⑤梅干は梅肉を刻み、叩きつぶす。
⑥酒を煮立て、③のキクラゲ、②のしめじ、①のえのきを入れ煮切る。
⑦小鍋にみりんとしょう油を煮立て、すぐ火を止め、冷まして⑤の梅肉を加え、よく混ぜ合わせ、④と⑥を和える。

◆ きのこの梅肉和え

えのきだけ	1袋
しめじ	1袋
キクラゲ（干）	2～3ｇ
油揚げ	1/2枚
酒	（大）1～
梅干（中）	2ケ
みりん	（小）2
しょう油	（小）2

◆ のっぺい汁

ごぼう（中）	10～12センチ
にんじん（中）	5～6センチ
大根	3センチ
こんにゃく	1/6～1/5丁
里芋（中）	4ケ
干ししいたけ（中）	2枚
油揚げ	1枚
青ねぎ	2～3本
出し汁	3.5カップ
しょう油、酒、塩 くず粉、ごま油	適量

秋＊13

〈発芽玄米のごはん〉

〈ひじきののり巻き〉

①板のりはさっと火であぶる。板のりへ、すし飯のようにひじきを広げる。
②しぼった青菜にしょう油をかけ、①の中央にのせ、巻きずしのように巻く。
③8等分し、切り口を上にして並べる。

〈納豆の中華風サラダ〉

①青菜はゆがいて固くしぼり、1～2センチに切りしょう油少々をかける。
②納豆は刻んで、よく混ぜる。にんじんは5～7ミリのサイコロ状に切り、ひたひたの水を加えて煮、汁気をとばす。チーズもにんじんのようにサイコロ状に切る。
③煮ひじきは1センチ位に刻む。玉ねぎはみじん切りにし、中華ドレッシングと共によく混ぜ、青菜、納豆、にんじん、チーズ、煮ひじきを和える。

◆ 納豆の中華風サラダ

納豆	1包
煮ひじき	適量
青菜	1/4～1/2束
にんじん（小）	1/4本
チーズ	30g
玉ねぎ（小）	1/8ケ
しょう油	少々
〈中華ドレッシング〉	
・ごま油	
・しょう油	
・米酢	各（大）1

◆ ひじきののり巻き

煮ひじき	80～90g
板のり	1枚
ゆがいた青菜	
（大根葉、小松菜、ほうれん草）	3～4本
しょう油	少々

〈卯の花煮〉

①干ししいたけは半日位、水に浸し戻しておく。
②桜えびはみじん切りにする。ごぼうはささがきにし、にんじんは千切り。
③糸こんにゃくは2～3センチに切り、水からゆがきザルに取る。
④鍋にごま油をしき、ごぼうを炒める（トロ火でゆっくり炒める）。
⑤その間にしいたけを薄く千切りにし、ねぎは2～3ミリの小口切りにする。
⑥④のごぼうがよく炒まったところで、にんじんを加え炒め、しいたけ、糸こんにゃく、桜えび、ねぎと次々加えては炒める。どれにも油がなじんだら出し汁を加え、煮立ったら、みりん、しょう油で味付けし、火を弱めて煮る。
⑦ごぼうがやわらかくなれば、味を見てしょう油、塩で加減し、おからを加え、全体に混ぜ合わせてから、もう一度味を見る（トロ火にして）。
⑧よければたまごを溶きほぐし、火を大きくし、全体に回しかけ、混ぜて火を止める。
※卯の花煮の具は、煮大豆、油揚げ、しめじ、ひじき等も合います。その時々で、違った味を楽しんでみてください。

◆ 卯の花煮

おから	100g
ごぼう（小）	1/2本
にんじん	5センチ
糸こんにゃく（orしらたき）	1/2袋
ねぎ（太）	1/2本
干ししいたけ（小）	2枚
桜えび	10g
たまご	1ケ
みりん	（大）1
しょう油	（大）1
塩	少々
出し汁	1/2カップ～
ごま油	（大）1/2～

〈そばポタージュ〉

① ごぼうは4つ割りにし、5～6ミリに切る（5～6ミリ角になる）。

② 小鍋に出し汁1／2～1カップと、①のごぼうを入れてしばらく煮る。

③ にんじんは8～9ミリ角に切り、ごぼうに火が通ったところで加え煮る。

④ 厚手鍋を熱し、ごま油をしき、そば粉を加え、よく炒める。香ばしくなるまで焦がさないよう炒め、出し汁（残りの3カップほど）を加えて絶えずかき混ぜながら煮、トロッとしてきたら塩で味付けする。③を汁ごと加え、味を整える。青のりを加え、ざっと混ぜ火を通し、出来上がり。

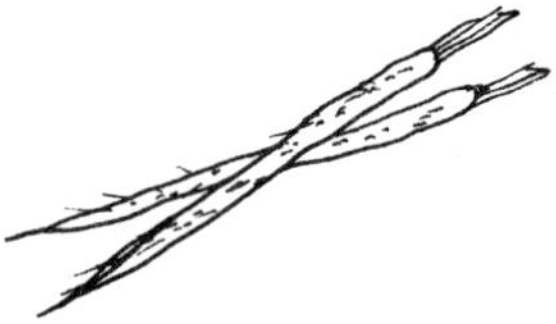

◆ そばポタージュ

そば粉	（大）5～6
にんじん（中）	5～6センチ
ごぼう（小）	1/2本
ごま油	（大）1～
青のり	（大）1
出し汁	3.5カップ～
塩	（小）1/2～

秋＊14

〈発芽玄米のごはん〉

〈みそ入りポテトグラタン〉

①じゃがいもは丸ごと蒸し、熱い間に皮をむき、4〜5ミリの厚さに切る。

②玉ねぎはみじん切りにし、鍋にマーガリンとごま油をしき、しっかり炒める。

③②がよく炒まったら小麦粉を加え炒め、豆乳を加えて、絶えずかき混ぜながら、白みそ、みそもときほぐしながら加えて、みそ入りホワイトソースを作る。

④グラタン皿に薄くマーガリンをぬり、4等分した①を各々に入れ、③のホワイトソースをその上からかけ、パン粉も全体に薄く広げるようにかけ、中央にマーガ

みそ入りポテトグラタン

◆ みそ入りポテトグラタン

じゃがいも（中〜大）		2ケ
玉ねぎ（大）		1ケ
マーガリン	（大）	2
ごま油		少々
小麦粉	（大）	2〜
豆乳		2.5〜3カップ
白みそ	（大）	1.5
みそ	（大）	1
パン粉、マーガリン		適量
パセリのみじん切り		少々

リン少々をのせて、温めておいたオーブン（220℃）で8～10分焼く。
⑤焼き上がったら、パセリのみじん切りを散らす。

〈カロチンサラダ〉

①塩ゆでした青菜は固くしぼり千切りにする。ユキノシタを使う場合はよく洗って水気を拭き、千切りにする。
②柿は太めの千切りにして、にんじんはすりおろす。ユズ皮は1／2ケ分位を千切りにする。玉ねぎはみじん切りにし、煮ひじきは1～2センチに刻む。
③ユズをしぼって、ほぼ同量のオリーブ油と塩を加えて混ぜ合わせ、味を整え、玉ねぎのみじん切りを加え、混ぜておく。
④青菜、柿、にんじん、煮ひじきを③へ加え、混ぜ合わせ、味を見て、よければ各々の器に盛りつけ、ユズ皮を中央に飾る。

〈大根のみそ汁（生姜入り）〉

①大根は千切り、ねぎは斜め薄切りにする。生姜はみじん切りにする。
②鍋に出し汁と大根を入れて煮、煮立ったら、ねぎと生姜を加え、再び煮立ったら、みそを溶き入れ、火を止める。

◆ カロチンサラダ

にんじん（小）	1本
柿（大）	1ケ
煮ひじき	適量
青菜（ or ユキノシタ）	少々
ユズ（小）	1～2ケ
玉ねぎ	少々
塩	（小）1/4～1/2
ユズドレッシング	
・ユズ汁	（大）2
・オリーブ油	（大）2

◆ 大根のみそ汁（生姜入り）

大根（中）	6～7センチ
ねぎ（太）	1/2本
生姜（小）	1片
出し汁	3～3.5カップ
みそ	適量

〈揚げ出し豆腐〉

①木綿豆腐は布巾に包み、軽い重しをして水を切る。

②大根はおろし、自然に水を切る。

③細ねぎは2～3ミリの小口切りにしておく。

④①の豆腐を厚み半分に切り、さらに8等分する（計16ケ）。もう一度布巾で水分を拭き取り（型をくずさないように）、茶こし等で全体に片栗粉をまぶす。

⑤フライパンに少し多めのごま油を入れ、④を並べ入れ揚げ焼きにする（小さめの火でゆっくり）。

⑥その間に出し汁を煮立て、みりん、しょう油、米酢、塩で味付けし、水切りした大根おろしを加えひと煮立ちしたら、青ねぎを加え火を止める。

⑦器に⑤を4ケずつ入れ、上から⑥をそっとかけて食卓へ。

◆ 揚げ出し豆腐

木綿豆腐	1丁
大根（中）	4～5センチ
細青ねぎ	2～3本
片栗粉	適量
ごま油	適量
出し汁	1カップ
しょう油	（大）1
みりん	（大）1
米酢	（小）1
塩	（小）1/2位

〈発芽玄米のごはん〉

〈はるさめと大豆の炒めもの〉

① はるさめはハサミで3～4センチに切る。にんにく、生姜はみじん切り。

② 中華鍋にごま油をしき、にんにく、生姜を炒め、煮大豆を加えてざっと炒めて、出し汁を加えて煮る。

③ ②が煮立ったら◎を加え、再び煮立ったら①のはるさめを入れ、全体に混ぜ合わせ、トロ火にして煮る。汁気がほとんどなくなったところで青のりを入れざっと混ぜ合わせ、汁気がなくなるまで焦がさないよう煮る。

〈キャベツの梅干和え〉

① キャベツは洗って芯の部分の厚みを削り2～3センチ角位に切り、ざっと熱湯を通しザルに上げる。

はるさめと大豆の炒めもの

◆ はるさめと大豆の炒めもの

はるさめ			60 g
煮大豆			1カップ
にんにく			1片
生姜			1片
出し汁			300cc
◎	酒	(大)	1
	塩	(大)	1/2
	しょう油	(小)	1～1と1/2
青のり		(大)	1
ごま油		(大)	1/2～

②梅干は果肉を細かく刻み、叩きつぶす。
③白ごまペーストと②を混ぜ合わせ、出し汁を加えてのばす。
④③へ削りぶし、青のりを加え、よく混ぜ合わせる。
⑤板のりはさっと焼き、細かくちぎり、キャベツと共に④で和える。

〈里芋と大根の煮物〉

①里芋は皮をむいて（大きなものは2つに切る）、面取りをする。
②大根は3センチ位の輪切りにして4つ切りにし、面取りをする。
③しらたきは3～4センチに切り、水からゆがき、ザルに上げる。
④鍋にごま油をしき、①の里芋を炒め、②の大根も加えて炒め、さらに③のしらたきも炒めたら、出し汁を加えてゆっくり煮込む。
⑤材料に火が通ったら、みりん、しょう油、塩で味付けして、さらにゆっくり汁気がほとんどなくなるまで煮込む。
※面取りした里芋、大根のくずは、芋っ子汁の中へ入れる。

◆ 里芋と大根の煮物

里芋	500～600ｇ
大根	400～450ｇ
しらたき	1/2袋
出し汁	2カップ～
みりん、しょう油　各（大）	1
塩	少々
ごま油	（大）1/2～

◆ キャベツの梅干和え

キャベツ（大）		4～5枚
梅干（大）		2ケ
白ごまペースト（練りごま）	（大）	1～
出し汁	（大）	1
板のり		1枚
青のり	（大）	1
削りぶし	（大）	2～3

〈芋っ子汁〉

① こんにゃくは千切りにし、ゆがいてザルに上げる。油揚げは油抜きして半分に切り、千切りにする。

② 里芋は2～4つ切りにする。にんじんは厚さ1センチ位のイチョウ切り。ごぼうはささがきにする。

③ 生姜はみじん切り、ねぎは1センチ位の小口切り。

④ 鍋に出し汁と共にごぼうのささがき、里芋、にんじんを入れ、煮る。

⑤ 里芋、にんじん等がやわらかくなったら、「里芋と大根の煮物」で面取りしたくず、生姜、こんにゃく、ねぎ、油揚げを入れて煮、さらになめこを加えて、みそを溶き入れる。

◆ 芋っ子汁

里芋（小）	8ケ
ごぼう（小）	1本
なめこ	1袋
こんにゃく	1/4枚
出し汁	4カップ～
油揚げ	1枚
ねぎ（中）	1/2～1本
生姜（小）	1片
にんじん（中）	4～5センチ
みそ	適量

冬

冬＊1

〈発芽玄米のごはん〉

〈すり大豆の揚げもの〉

① 大豆は洗って3倍以上の水に浸しておく（一晩）。
② ①の大豆をザルにあける（浸していた水の分量を計る）。
③ ザルにあけた大豆と、②で計った水150cc（足りなければ足す）を共にミキサーにかける。
④ パセリはみじん切り。桜えびもみじん切り。生姜はすりおろす。板のりは細かくちぎる。
⑤ ボールに③をあけ、パセリ、桜えび、生姜、板のり、削りぶし、塩を入れて混ぜ合わせ、さらにそば粉も加えてよく混ぜる。
⑥ 中温（180℃位）の油で、⑤をすくって落としながら揚げる（中まで火を通すこと）。

すり大豆の揚げもの

◆ すり大豆の揚げもの

大豆	1/2カップ
水（漬け汁）	150cc～
パセリ（orニラ）	20g～
そば粉	50g
桜えび	10g
板のり	1枚
削りぶし	（大）5～
生姜	10g
塩	（小）1
他に揚げ油適量	

※付け合わせに、にんじんの塩ゆでを。

〈オニオンスープ〉

①玉ねぎは洗って皮をむき、半分に切り、薄くスライスする。
②厚手の大きめの鍋に、マーガリン、ごま油を入れ、マーガリンが溶けたら①の玉ねぎを加え、強火で、玉ねぎに油がなじむまで炒める。
③油がなじんだら、ふたをし、トロ火でときどき見ながらゆっくり炒める。
④玉ねぎがペタペタして、50～60分して薄く色づいたら水を加えて煮立て、塩、こしょうで味付けし、少し煮込む。
⑤パンを4つ切りし、軽く焼く。
⑥温めたスープ皿に④を入れ、⑤のパンをおき、パセリを散らす。

〈海藻サラダ〉

①糸寒天はハサミで3～4センチに切り、熱湯の中に入れ、ざっとかき混ぜて、すぐにザルに取る。上から水をどんどん流しながら手でサラサラになるまで洗い、水を切っておく。
②わかめは塩を洗い落とし、1～2センチに切り、ザルに入れる。熱湯をか

◆ オニオンスープ

玉ねぎ（大）	4ケ
マーガリン	（大）2
ごま油	（大）2
水	3カップ～
食パン	1枚
パセリ（刻んで）	（大）1
塩、こしょう	適量

◆ 海藻サラダ

わかめ（塩蔵）	30～40g
糸寒天	10g
煮ひじき	少々
ふのり	10g
にんじん	20g
フレンチドレッシング	適量
(作り方は30ページ)	

け、冷水をかけ、水を切る。
③ふのりは石付やごみを取り除き、熱湯をかけ、水を切る。
④にんじんは千切りにし、塩をしておく。
⑤フレンチドレッシングを作る（作り方は30ページ参照）。
⑥糸寒天、わかめ、ふのり、煮ひじき、にんじんを⑤へ入れ、和える。

※違った食べ方として、
①の糸寒天のみを酢みそでいただくのもおいしいです。このとき、青ねぎ（細いもの）、アサツキの小口切り等を散らすとベター（夏なら青じその千切りでも）。

冬＊2

〈発芽玄米のごはん〉

〈シーグラタン〉

①玉ねぎはみじん切りにし、マーガリン、ごま油でしっかり炒める。
②その間にわかめは塩を洗い落とし、1～2センチに切りザルに取る。
③桜えびはみじん切りにし、板のりは細かくちぎる。
④パセリは葉と茎に分け、洗った水分を取り、各々みじん切りにする。
⑤①がよく炒まったところで、パセリの茎のみじん切りを加え、炒める。桜えびを入れ、ちりめんじゃこも加え炒め、さらに小麦粉を加えて炒め、豆乳を入れ、絶えずかき混ぜながら、ホワイトソースを作る。
⑥⑤の途中で（少しトロッとしてきたら）、板のり、わかめを加え、さらにかき混ぜて、しっかり火を通す。

◆ シーグラタン

玉ねぎ（大）	1ケ
豆乳	700～750cc
小麦粉	（大）3
ちりめんじゃこ	30～35g
わかめ（塩蔵）	30g
板のり	1枚
桜えび	10g
パセリ	2～3枚
ごま油	（大）1/2
マーガリン	（大）2
塩、こしょう	少々
パン粉	適量

⑦器に薄くマーガリンをぬり、⑥を4等分に分け入れ、パン粉をふりかけて小指先ほどのマーガリンを中央にのせて、温めておいたオーブン（220℃）で10分焼く。

〈カブの酢漬け〉

①昆布はハサミで針状に切り、ボールに入れ、米酢をかけておく。

②カブはきれいに洗って、根の部分は薄い輪切りにし、塩少々でもみ、①のボールの中へ入れる。

③カブの葉、茎の部分は塩ゆでして、水分をしぼり、半量位を5ミリ位に刻み、②へ加え、ざっと混ぜて、重しをして1時間余りおく。

※カブの葉、茎はそのときの分量で、1／3量でもいいですね。残りはおひたしや、ドレッシングを使ったサラダにどうぞ!!

〈酒蒸しミートのみそダレかけ〉

①グルテンミートは缶から出して、水分をしっかり拭き取り、5～6ミリに切る。

②ブロッコリーは小房に分け、塩ゆでしてザルに上げ、塩少々をふる。

◆カブの酢漬け

カブ（中～大）	2ケ
米酢	（大）1.5～2
昆布	4～5センチ角
塩	少々

◆酒蒸しミートのみそダレかけ

グルテンミート		1缶
酒	（大）	2～3
ブロッコリー（中）		1/2株
細ねぎ		2～3本
◎・酢	（大）	1
・みそ	（大）	1
・白ごまペースト（練りごま）	（大）	1
・出し汁	（大）	1～
・削りぶし	（大）	2

③細ねぎは薄い小口切りにする。

④小鍋に◎を入れ、よくかき混ぜて火を通し、③のねぎを加えてざっと混ぜ火を止める（タレ）。

⑤①を別の鍋に並べ入れ、酒をふり入れ蒸し煮にする（焦がさないよう）。

⑥皿に⑤と②のブロッコリーを盛りつけ、④のタレをかける。

〈カボチャのみそ汁〉

①生姜はすりおろす。ふのりは石付やごみを取り除く。

②カボチャは一口大（適当）に切る。

③出し汁を煮立て、②のカボチャを加え、煮る。

④カボチャがやわらかくなったら、生姜のしぼり汁とふのりを加え、みそを溶き入れ火を止める。

酒蒸しミートのみそダレかけ

◆ カボチャのみそ汁

カボチャ	100 g
ふのり	10 g
生姜	1片
出し汁	3 ～3.5カップ
みそ	適量

冬＊3

〈発芽玄米のごはん〉

〈白菜の巻き煮〉

①白菜はゆがいて、厚みのある部分に、細かい切り込みを浅く入れる。

②油揚げは油抜きをして、四方の端の部分を細く切り落とし、2枚とする（4枚になる）。端の切り落とした部分は捨てない。

③にんじんは1センチ角の棒状に切る（長さはにんじんの長さのままで）。

④昆布はハサミで1～2ミリ幅に切る。長さは長・短混じっても大丈夫。

⑤④を米酢と共に小さなボールに入れ、手で軽くもんでおく。

⑥白菜は葉の部分と茎の部分を交互にして重ねる（2枚ずつ4組）。

⑦次に油揚げをおき、小麦粉を茶こし等でふりかける（白菜を重ねるときもかけるとよい）。

⑧⑦の上ににんじんの1／4量をおき、昆布の1／4量もおき、油揚げの切り落としの端も1／4量のせて、しっかりと巻き、巻き終わりはきっちりよ

◆ 白菜の巻き煮

白菜	8枚
にんじん（大）	1/2本
油揚げ	2枚
昆布	10g
米酢	（小）1
くず粉	（大）1
出し汁	2～2.5カップ
小麦粉	適量
ユズ皮	少々
みりん、しょう油	各（大）1～

うじで留める。
⑨鍋に⑧を（4本）並べ、出し汁を加えてことこと煮（10分ほど）、みりん、しょう油と塩少々を加え、さらに20分ほど煮込む。やわらかく煮上がったら鍋から出し、少し冷まして、4つ切りにする。
⑩鍋に残った煮汁の味を整えて（みりん、しょう油等で）、水溶きくず粉を加え、火を通し、とろみをつける。
⑪各々の器に⑩を入れ、⑨をそっと並べおき、ユズ皮の千切りを飾る。

〈長芋の酢みそ和え〉

①にんじん、セロリ、長芋は1センチ角に切る。
②ユズ汁、みそ、米酢を混ぜ合わせ、長芋、セロリを加えて混ぜておく。
③にんじんはひたひたの水と共に鍋に入れ、煮る（水分をとばす）。
④にんじんが冷めたら②へ加え、全体に混ぜ合わせる。

長芋の酢みそ和え

◆ 長芋の酢みそ和え

にんじん（小）		1本
セロリ		1本
長芋		100ｇ～
ユズ汁		1/2ケ分
みそ	（大）	1.5
米酢	（小）	1～2

〈じゃがいも、ブロッコリーのポロポロす〉

①じゃがいもは丸のままゆで、皮をむき、6～7ミリに切り、薄く塩をふる。
②ブロッコリーも、小房に分けてゆがき、ザルに取り塩をふっておく。
③たまごはゆで、白身と黄身に分け、白身はみじん切りにする。
④パン粉を焦がさないよう、マーガリンで炒め、レモン汁をかける。
⑤④へたまごの白身、削りぶしを加え、混ぜ合わせる。
⑥大皿にじゃがいも、ブロッコリーをきれいに並べ、上から⑤を全部かけ、上から、たまごの黄身を裏ごししながらかける。

〈和風ミネストローネ〉

①干ししいたけは戻して6～7ミリ角に切る。ごぼうはたてに4等分し、5～6ミリに切る。にんじん、大根も6～7ミリ角に切る。
②里芋は6～8つ切りにし、葉ねぎは細かい小口切りにする。
③鍋にごま油をしき、ごぼうをしっかり炒め、油がよくまわったら、にんじん、大根、干ししいたけ、里芋、煮はと麦、グルテンバーガーと、順次加えては、ざっと炒めをくり返し、葉ねぎ以外の材料を炒めて、出し汁を加えて煮る。煮立ったらトロ火にし、ゆっくり煮る。

◆ じゃがいも、ブロッコリーのポロポロす

じゃがいも（中）	2ケ
ブロッコリー	1/2ケ
たまご	1ケ
パン粉	1/2カップ
レモン汁	1/2～1ケ分
削りぶし	（大）1
マーガリン	（大）1
塩	少々

④野菜がやわらかくなったら、みそを溶き入れ、葉ねぎを加え、火を止める。
※はと麦はきれいに洗って3倍強の水を加えて煮、煮立ったらトロ火にして水分がなくなるまでことこと煮る。煮たものは、汁物、ドレッシングのサラダ等に（冷蔵保存して固く感じたら、水少々をふりかけて火を通す）。

◆ 和風ミネストローネ

ごぼう（小）	1/2本
にんじん（小）	2/3～1本
大根（中）	2～3センチ
里芋（中）	3ケ
グルテンバーガー	1/2缶
干ししいたけ（小～中）	2枚
はと麦（煮たもの）	1カップ
葉ねぎ	3～4本
ごま油	少々
出し汁	4カップ
みそ	適量

冬＊4

〈発芽玄米のごはん〉

〈金時豆のポトフ〉

①玉ねぎ、にんにくはみじん切りにし、ごま油をしき、しっかり炒める。

②その間にカブを洗い、葉はざっとゆがき、水を切って、1センチ位に切る。根の方はきれいに洗って、頭に切り込みを入れる（丸のまま）。

③キャベツは2～3センチの乱切り。じゃがいもは4つ切り、にんじんは1.5センチ厚さに切り、面取りをする。しめじは石付を除き、バラバラにする。

④①がよく炒まったら、にんじん、じゃがいも、キャベツと次々に炒めながら加える。このとき、面取りしたくずの部分も加える。野菜に油がまわったら水を加えことこと煮る。

⑤野菜に火が通ったら、カブ、しめじ、金時豆（汁ごと）を加え、煮、梅肉エキス、塩、こしょうを加え、味を整え②のカブの葉を加えて火を止める。

◆ 金時豆のポトフ

金時豆の水煮	2カップ
玉ねぎ（大）	1ケ
にんにく（大）	1片
キャベツ（中）	2枚
じゃがいも（小）	2～3ケ
しめじ	1/2袋
にんじん（小）	1本
カブ（小）	4ケ
水	3.5～4カップ
梅肉エキス	（小）1/6～1/4
塩	（小）1
こしょう	少々
ごま油	（大）1/2

〈切り干し大根の煮付け〉

①切り干し大根はぬるま湯で洗い、3センチ位に切り、ザルへ（水分が少し残った状態を保つこと）。

②油抜きした油揚げは、たて半分に切り、千切りにする。にんじんは千切りに、生姜はみじん切りにする。

③鍋に出し汁、みりん、しょう油、米酢を入れ煮立て、にんじん、切り干し大根、油揚げを入れ煮る。

④③に火が通ったところで、生姜、松の実を加え、焦がさないよう汁気がなくなるまで煮る。

※常備菜としても役立ちます。

〈グルテンのつみれ〉

①くるみを細かく、みじん切りにする。

②グルテンバーガーをボールにあけ、よくほぐし、みそ、みりんを加え、練り混ぜる。

③②へくるみ、削りぶし、小麦粉を入れ、よく混ぜ合わせる。

◆ 切り干し大根の煮付け

切り干し大根	45～50 g
にんじん	30 g
油揚げ	1枚
出し汁	150～200cc
みりん	（大）1
しょう油	（大）1強
米酢	（小）1
生姜（小）	1片
松の実	10 g

◆ グルテンのつみれ

グルテンバーガー	1缶
みそ	（大）1
みりん	（小）1
くるみ	20 g
削りぶし	（大）2
小麦粉	（大）2

④③を12等分し、皿に油少々をしいて（くっつかないように）丸めて並べる（小型のハンバーグ型）。

⑤③を蒸気の上がった蒸し器で、ペーパー等に並べて強火で5～6分蒸す。

⑥蒸し上がったら取り出し、少し冷まして、ゆがいたブロッコリーと共に器に並べる。

※ブロッコリーは小房にして塩ゆでし、ザルに取り塩をしたもの。

〈黒ごましるこ〉

①黒ごまペーストと水2.5カップを鍋に入れ、混ぜながら煮立て、しっかり煮溶かす。

②残りの水0.5カップとくず粉をよく混ぜ合わせる。

③①がきれいに溶けたところで、黒ざとう、塩を加え、これも溶けたら、②をよく混ぜながら加え、混ぜ続け（火が通ってから、さらに1分位煮立てる）、トロッとしてきたら、おいしいしるこの出来上がり。

◆黒ごましるこ

黒ごまペースト（練りごま）	（大）	3
水		3カップ
くず粉	（大）	1.3～1.5
黒ざとう	（大）	3
塩	（小）	1/2

冬＊5

〈ひえの信田巻き〉

① 油揚げは油抜きして三方を切り（へりを細く切り落とす）広げておく（4枚とも）。

② 梅漬じそは細かく刻む。松の実は半分に切る。

③ ボールに、煮たひえ、梅漬じそ、松の実、削りぶし、青のり、油揚げの切り落としたへり（みじん切りにする）を入れ、混ぜ合わせ、4等分する。

④ 油揚げの手前ぎりぎりに板のりをのせ、③も広げながらのせ、端からしっかり巻き、巻き終わりは小麦粉をのり代わりにつける。

⑤ フライパンを熱し、油をしかないで巻き終わりの部分をまず焼き、ときどきころがしながら全面、焦げすぎない程度に焼く。

⑥ 1本を6等分にし、切り口を上にして各器に並べる。

※ ひえは目の細かいザルか、茶こしでこぼさないよう洗い、3倍の水と共に

◆ ひえの信田巻き

油揚げ	4枚
ひえの煮たもの	300 g
削りぶし	（大）4
小麦粉	少々
松の実	10 g
梅漬じそ	20 g
青のり	（大）1
板のり	1と1/2枚

鍋に入れ、はじめ強火で、かき混ぜながら煮、ブツブツしだしたら火を弱めて、大きく、ゆっくりかき混ぜながら煮る。汁気がすっかりなくなったら、炊き上がっている。小鍋で、半カップ（乾燥したもの）位ずつ炊くと簡単。栄養価の高い食品です。利用しましょう。

〈ごぼうの袋煮〉

①しらたきは洗って3～4センチに切り、水から煮、ゆがいてザルに上げる。
②油揚げは油抜きして半分に切り、袋状にしておく。
③生姜はみじん切り、ごぼうはささがきにする。
④かんぴょうは湯で洗ってザルへ。
⑤しらたき、生姜、ごぼう、グルテンバーガーはそれぞれ4等分する。
⑥②の油揚げの袋の中へ、まずしらたき、次にグルテンバーガーを詰め、さらに、生姜を入れ、その上にごぼうを詰める。
⑦口を閉じてかんぴょうでしばる。
⑧鍋に出し汁と、みりん、しょう油を入れ、⑦を並べ入れ、中火で煮、煮立ったらトロ火にして、ことこと、汁気がなくなるまで焦がさないように煮る。

◆ ごぼうの袋煮

油揚げ	2枚
しらたき	1袋
ごぼう（中）	1/2本
グルテンバーガー	1/2缶
生姜（小）	1片
出し汁	1カップ～
しょう油	（大）1
みりん	（大）2
かんぴょう	適量

〈ごぼうのポタージュ〉

① 玉ねぎ、にんにくはみじん切りにし、マーガリンでしっかり炒める。

② ごぼうは3～4ミリの小口切りにし、①へ加え、ざっと炒め、水を加えて煮る。煮立ったらトロ火で20分位煮、冷ましてミキサーにかけ鍋に戻し、塩、こしょうで味付け、それぞれの器に入れクルトンを浮かす。

※ クルトンの作り方は51ページ参照。

〈ごぼうまんじゅう〉

① くるみ、レーズンはみじん切りにし、黒ごまペースト、ハチミツ、きな粉を練り混ぜ16ケに分け、団子に丸める。

② ごぼうは薄く小口切りにし（1～2ミリ）分量の水と共にミキサーにかけドロドロにする。キッチンペーパーを5～6センチ角、16枚用意する。

③ ボールに白玉粉を入れ、②を加え、白玉粉の固まりをつぶしながら混ぜ合わせ、なめらかになれば、小麦粉を加え、さらに練り混ぜ、16等分する。少しずつ粉を手につけながら広げ、①のあんを包み形を整える。1つずつ②のペーパーの上におく。

④ 蒸気の上がった蒸し器に入れ、強火で蒸し上げる（10分）。

◆ ごぼうのポタージュ

ごぼう	300 g
玉ねぎ（大）	1ケ
にんにく	1片
水	600cc～
マーガリン	（大）1
ごま油	（大）1
塩、こしょう	適量
クルトン	適量

◆ ごぼうまんじゅう

ごぼう	200 g
水	120cc
白玉粉	150 g
小麦粉	50 g
他に打ち粉用として小麦粉少々	
〈あん〉	
・黒ごまペースト（練りごま）	（大）2
・くるみ	80 g
・レーズン	60 g
・ハチミツ	（大）1.5～2
・きな粉	（大）1～

〈いなり雑煮〉

①かんぴょうは湯で洗ってザルに上げる。
②油抜きした油揚げは半分に切り袋状にする。餅をこの中に入れ（袋を破らないよう）①のかんぴょうでしばる。
③にんじんは花型などに切り、塩少々を加え、ひたひたの水で煮切る。
④わかめは塩を洗い落とし2～3センチに切り、ザルに取る。
⑤しめじは石付を取り除き、2～3本ずつにバラしておく。
⑥細ねぎは薄い小口切りにする。
⑦出し汁を煮立て、みりん、しょう油、塩で味を整え、②を入れ、10～13分煮、竹ぐしをさしてみて、やわらかくなっていれば、しめじ、わかめを加え、煮立てる。
⑧各々の碗に入れ、細ねぎを散らし、花型にんじんを飾る。

いなり雑煮

◆ いなり雑煮

油揚げ	4枚
わかめ（塩蔵）	20g
にんじん	1/5～1/4本
かんぴょう	適量
細ねぎ	3～4本
玄米餅（小さいもの）	8切
しめじ	1/2袋
出し汁	3.5カップ～
みりん、しょう油	各（大）1
塩	（小）1/4～

〈キャベツの袋煮〉

① 油抜きした油揚げは半分に切り袋状にし、かんぴょうは湯で洗い、ザルへ。
② 桜えびはみじん切りにして4等分する。松の実も4等分しておく。
③ キャベツは塩ゆでして水気をしぼり、千切りにして8等分する。
④ ①の油揚げの袋へ、1／8量のキャベツを詰め、桜えび、松の実の1／4量を入れ、その上から残りの1／8量のキャベツを入れて、口を閉じ、かんぴょうでしばる。
⑤ 鍋に出し汁とみりん、しょう油を入れ、④も入れ煮る。煮立ったら、トロ火で落としぶたをし、ことこと煮る。

〈磯香ミートボール〉

① グルテンバーガーはすり鉢に入れ、すりこぎで叩くようにすりつぶし、ねばりを出す。そこへ玉ねぎ、にんじんをすりおろし、加え混ぜる。
② ①へ小麦粉、きな粉、塩、青のりも加えて混ぜ合わせる。
③ 大根はきれいに洗って皮ごとすりおろし、自然に水切りをして、しょう油、レモン汁を加え混ぜておく。

◆ キャベツの袋煮

キャベツ（大）	3～4枚
油揚げ	2枚
桜えび	10～15g
松の実	10g
出し汁	1/2～1カップ
みりん、しょう油	各（大）1
かんぴょう	適量

付け合わせ、ブロッコリーの塩ゆで

◆ 磯香ミートボール

玉ねぎ	100～120g
にんじん	50～60g
グルテンバーガー	1缶
塩	（小）1/2
青のり	（大）2
小麦粉	（大）5
きな粉	（大）1.5

◎・大根（太いもの）10センチ位
・しょう油、レモン汁各少々

④揚げ油を熱し、②を小さなボールにしながら、どんどん中火で揚げる。

⑤器に④を盛り、③を添える。

※水切りした大根汁にハチミツ少々を加えると、のどによい飲みものとなります。

〈しらたきの梅ダレ和え〉

①しらたきは洗って3～4センチに切り、ゆがいてザルに上げる。

②えのきだけは石付のあたりを取り除き、2センチ位に切り、ザルに取り、たっぷりの熱湯をかけ水を切る。

③冷めて水分の取れた①、②を梅ダレで和える。

④各々の器に盛り、上に削りぶしをのせる。

※梅ダレは、71ページに作り方があります（作っておくと便利）。

◆ しらたきの梅ダレ和え

しらたき	1袋（200g）
えのきだけ	1/2束
梅ダレ	（大）1.5～
削りぶし	（大） 1

冬＊7

〈中華まんじゅう〉

①小麦粉、強力粉、黒ざとう、塩を合わせてよくふるい、生種と水を加えて、しっかりこねる。30℃位で2時間発酵させる。

②発酵させている間に具を作る。戻した干ししいたけ（半日以上水に浸し、戻す）は薄い千切り、玉ねぎは薄切り、キャベツは千切り、生姜はみじん切り。はるさめはハサミで（乾燥したままで）3～4センチに切る（大きなボールの中で切ると仕事がやりやすい）。

③中華鍋にごま油をしき、玉ねぎを炒め、よく火の通ったところでキャベツの固いところを加える。その間に調味料を用意する。

中華まんじゅう

◆ 中華まんじゅう

〈皮〉

・小麦粉（完全粉・薄力粉）		300 g
・強力粉		200 g
・黒ざとう（粉）	（大）	1.5 ～ 2
・塩	（小）	1 / 2
・生種	（大）	2.5
（作り方は33ページ）		
・水（orぬるま湯）		270cc～

〈具〉

・グルテンバーガー	1缶
・キャベツ	150 g
・玉ねぎ	150 g
・戻した干ししいたけ（中）	2枚
・生姜（小）	1片
・はるさめ	30 g

調味料　◎　塩　（小）1／2

　　　　　　みそ　（大）2

　　　　　　しょう油　（大）2

　　　　　　酒　（大）2

　　　　　　くず粉　（大）1

小さなボールに◎を入れ、よく混ぜ合わせておく。

水分が足りないようなら、出し汁（大）1～2を加えてもよい。

④③へキャベツの葉の部分を加えてざっと火を通し、グルテンバーガーを加え、生姜も加え、しいたけも加えて炒める。全体に火が通れば、はるさめを加え、用意しておいた調味料を加えて、くず粉に火が通ったら火を止め、冷まして、16等分する。

⑤①の発酵した皮を分割（16等分）し、ガス抜きしながら丸く広げて、具を入れて、まんじゅうの状態にし、くっつかないよう油をしいた鍋やフライパン等に並べ入れ、ふたをする（これが2次発酵となる）。

⑥先に包んだものから蒸気の上がった蒸し器で10分位蒸す（強火）。

※蒸し上がった中華まんじゅうは、冷まして冷凍しておけば、必要なとき、すぐ使えます。食べるときは、蒸気の上がった蒸し器で15～18分位蒸すと中

までホカホカになりますが、くしをさして、様子を見てください。

〈こんにゃくのみそマヨネーズ〉

①わかめは塩を洗い落とし3～4センチに切り、ザルに取り、熱湯をかけ、すぐ冷水をかけ水気を切る。

②こんにゃくは厚みを半分に切り、幅の方も半分に切り、4枚にする。

③②の表裏に碁盤《ごばん》状に細かく切り目を入れ、水からゆがく。沸騰して2～3分ゆがいて、ザルに取る。

④ソィーマヨネーズとみそを混ぜ合わせる。細ねぎがあれば小口切りして加える。ソィーマヨネーズ　3　：　みそ　1　位で。

⑤各々の皿にこんにゃくを中央におき、わかめを並べ、こんにゃくの上から④をかける。

※海藻をどんどん使いましょう。多くのミネラルを含み、腸や皮ふをきれいにし、血行をうながします。

◆こんにゃくのみそマヨネーズ

わかめ（塩蔵）	30～40g
こんにゃく	1/2丁
ソィーマヨネーズ	適量
(作り方は29ページ)	
みそ	（各）適量

〈白菜と大豆のスープ〉

①にんにく、玉ねぎはみじん切りにし、ごま油でしっかり、ゆっくり炒める。
②その間に白菜をざくざく5～6ミリに切る。
③①の玉ねぎがよく炒まったところで、白菜を加え、ざっと炒め、煮大豆と水を加えて煮立て、トロ火にしてことこと煮る。
④煮えてトロッとしてきたら、塩、こしょうで味付けし、もう少し煮込む。
⑤チーズは4～5ミリのサイコロ状に切る。④を各々の器に入れ、チーズを（1／4量ずつ）おき、刻みパセリを散らす。

◆ 白菜と大豆のスープ

白菜（大）	3～4枚
にんにく	1片
玉ねぎ（大）	1ケ
煮大豆	2カップ～
ごま油	（大）1/2～
塩	（小） 1/2
こしょう	少々
水（大豆の煮汁も含めて）	3～4カップ
チーズ	60g
パセリの刻んだもの	（大） 1～

冬＊8

〈発芽玄米のごはん〉

〈しもつかれ〉

①大豆は一晩水につけたものをやわらかく煮ておく。
②鮭はフライパン（油少々をしいて）で焼き、冷まして、骨、皮を取り、身を粗くほぐす。
③にんじんは1センチ角に切る。油揚げは油抜きをして1センチ幅に切る。
④白菜は茎と葉の部分に分けて、茎の方は斜めに一口大にそぎ切り、葉の方はザクザク切る。えのきだけは石付を取り除き、2～3つに切る。
⑤大根はおろす（水分は捨てない）。
⑥土鍋に①の大豆、にんじん、油揚げ、鮭、白菜の茎、えのきだけ、大根お

しもつかれ

◆しもつかれ

大豆（干）	1カップ
大根（小）	1本
にんじん（小）	1本
油揚げ	2枚
塩紅鮭	2切
えのきだけ	1束
白菜（大）	2～3枚
出し汁	1カップ～
しょう油、酒	適量

ろし、出し汁（大根おろしの半量位）を入れて煮立てる。

⑦煮立ったらトロ火にして、にんじん、白菜の茎に火が通るまで煮、酒としょう油で味を整え、白菜の葉の部分を加え、さっと火を通し食卓へ。各々取り分けていただく。

※暮れには鮭の到来物が多いかと思います。切身や頭を使って、こんな鍋もよいものですよ。他にもねぎなど入れるのもよいでしょう（多く入れ過ぎない）。

〈小松菜のカボス和え〉

①小松菜はゆがいて固くしぼり、2センチ位に切り、しょう油少々をかける。

②ちりめんじゃこは熱湯の中へ入れ、ざっと混ぜ、火を通しザルに上げる。

③にんじんは千切りにし、塩をする。

④煮ひじき、小松菜、ちりめんじゃこ、にんじんをカボスのしぼり汁で和える。塩っけがあるので、味を見て、しょう油で加減する。

小松菜のカボス和え

◆ 小松菜のカボス和え

小松菜	1/2束
煮ひじき	40g
ちりめんじゃこ	10g
にんじん（小～中）	5～6センチ
カボス（orユズ）	1/2ケ～
しょう油	適量

〈白菜の即席漬け〉

① 白菜は葉の部分と茎の部分に分け、3センチ角位に切る。まず茎の部分をザルに入れ、熱湯をかけ、葉の部分も加え、さらに熱湯をかけ、塩をふる（大さじ1ほど）。
② ねぎは薄い小口切り、昆布はハサミで千切りにする。ユズの皮少々も千切り、実はしぼっておく。
③ 白菜の水気をざっとしぼって、ねぎ、昆布、ユズ汁、ユズ皮、しょう油、残りの塩（大さじ1／2位）を混ぜ合わせ、重しをして30～40分おく。
④ 水が上がったら、重しを軽くする。冷蔵して翌日でもおいしい。

◆ 白菜の即席漬け

白菜		400 g
ユズ		1/2ケ
ねぎ（中）		1本
昆布（5～6センチ角）		1枚
塩	（大）	1と1/2～
しょう油	（小）	2

〈発芽玄米のごはん〉

〈長芋の磯蒸し〉

①くるみ、にんじん、ねぎ、生姜はそれぞれみじん切りにする。

②長芋はすりおろし、①全部とグルテンバーガー、青のりを加え混ぜ合わせる。

③②へ小麦粉とくず粉をふるいながら加え、混ぜ合わせ、塩、しょう油も加えて、さらに混ぜる。

④蒸し器を用意する（蒸気を出しておく）。流し缶に板のりをしき、③を流し入れ、さらに板のりをかぶせ、アルミホイルでふたをして、やや強火で40分位蒸す。蒸し上がったら、そっと取り出し、冷ます。

長芋の磯蒸し

◆ 長芋の磯蒸し

長芋（皮をむいて）	200 g
にんじん	30～40 g
ねぎ（細め）	1本
生姜	10 g
グルテンバーガー	1/2缶（130 g）
青のり	（大）1
くるみ	30 g
板のり	2枚
小麦粉	50 g
くず粉	（大）1
しょう油	（小）1～1.5
塩	（小）1/2

⑤冷めたら適当に切り分ける。

※冷めないと切り分けづらく、冷めても味が変わらないので、来客のときなど前日に作っておくとよいでしょう。

〈じゃがいものシャッキリサラダ〉

①じゃがいもは千切りにし、ざっと水を通し、ザルに上げる。

②熱湯に塩を少々入れ、強火のまま①のじゃがいもを入れ、さっとゆがいてザルに取る（煮すぎないように）。

③小房に分けたブロッコリーもゆがいてザルに上げ、塩をする。

④桜えびは粗みじん切りにし、空炒り。

⑤ソィーマヨネーズ、カレー粉、塩、しょう油をよく混ぜ合わせる。

⑥水分が切れて冷めたじゃがいもと、小房に分けたブロッコリー、桜えびを⑤で和える。

〈里芋の含め煮〉

①里芋はきれいに洗って皮をむき、小さいものはそのまま、大きいものは2～3ケに切って面取りをする。

◆ じゃがいものシャッキリサラダ

じゃがいも（中）	3ケ
桜えび	10g
ブロッコリー（大）	1/4株位
ソィーマヨネーズ	（大）4
（作り方は29ページ）	
塩、しょう油	少々
カレー粉	（小）1/4

◆ 里芋の含め煮

里芋	500g
出し汁	2～3カップ
みりん	（大）3～
しょう油	（大）1
塩	（小）1/2
生姜	1片

② 鍋に里芋と、かぶる位の水を入れ、煮立て、煮立って2～3分したら、いったん湯を捨てる。里芋もざっと洗い、鍋に出し汁と調味料を加え、落としぶたをして、トロ火で汁気がなくなるまで煮る。

③ 生姜を針のような千切りにする。

④ ②を各々の器に盛り、③を上にのせる。

〈ふきのとうと油揚げのみそ汁〉

① 油揚げは油抜きをして千切りにする。ふきのとうは粗みじん切り。

② えのきだけは石付を取って2～3センチに切る。

③ 出し汁を煮立て、油揚げ、えのきだけ、ふきのとうを入れ、煮立ったらみそを溶き入れ、味を見て、生姜汁を加え、火を止める。

◆ ふきのとうと油揚げのみそ汁

ふきのとう	(小) 3～4ケ
油揚げ	1/2～1枚
えのきだけ	1/2束
出し汁	3～3.5カップ
みそ	適量
生姜汁	(小) 1/2～1

冬*10

〈発芽玄米のごはん〉

〈れんこんボール〉

① 桜えび、くるみはみじん切りにする。ねぎもみじん切りにする。
② れんこんは洗って皮ごとすりおろす。
③ ②のれんこんのすりおろしと小麦粉、青のり、塩を混ぜ合わせる。
④ ③へ桜えび、くるみ、ねぎ、酒、しょう油も加えてよく練り混ぜる。
⑤ ④を小さな団子に作りながら油で揚げていく。
※ 付け合わせとしてブロッコリーの塩ゆでを。

れんこんボール

◆ れんこんボール

れんこん	150～180 g
桜えび	10 g
ねぎ（中）	1/2本
青のり	（大） 1
くるみ	20 g
塩	（小） 1/2
しょう油、酒	各（小） 1
小麦粉	（大） 3～

〈里芋と大根のみそ汁〉

①油揚げは油抜きをして千切りにする。ふのりは石付やごみを取り除く。
②大根は粗めの千切りにし、里芋は1センチ幅位に切る（大きさは半分位で）。
③鍋に出し汁と里芋、大根を入れ煮立て、里芋に火が通ったら油揚げを入れ、煮立ったらみそを溶き入れ、ふのりを入れて火を止める。

〈生揚げのみそソースかけ〉

①生揚げはザルに入れ、ざっと熱湯を表裏にかける。ねぎは薄く小口切りにする。
②生揚げを斜め半分（三角）に切り、中央に深めの切り込みを入れ、ねぎを各々にはさみ込む。
③フライパンを熱し、油をしかないで、②の生揚げを焼く。両面に焦げめをつけ、トロ火にして、蒸し焼きにし、中まで火を通す。
④その間に、小鍋に酒、みりん、出し汁、みそを入れ、かき混ぜながら火を通す。

生揚げのみそソースかけ

◆ 生揚げのみそソースかけ

生揚げ	2枚
ねぎ	1～2本
みそ	（大）3～4
酒	（大）2
みりん	（大）2
出し汁	（大）1
ユズ	1/2ケ

◆ 里芋と大根のみそ汁

里芋（中）	2ケ
大根（中）	3～4センチ
ふのり	1つかみ
油揚げ	1/2枚
出し汁	3.5～4カップ
みそ	適量

⑤ユズの皮少々は千切りにし、実はしぼって④へ加え、混ぜ合わせる。
⑥③を各々の器に盛り、⑤のみそソースをかけ、ユズ皮を飾る。

〈大根と糸寒天の和えもの〉

①大根は千切りにして、塩少々をする。にんじんはすりおろす。
②糸寒天はハサミで3センチ位に切り、熱湯の中へ入れ、ざっとかき混ぜ、ザルに取る。冷水をかけながら手で洗い、サラサラしてきたら、水気を切る。
③青ねぎは薄い小口切りにする。
④にんじんのすりおろし、梅酢、しょう油、オリーブ油を混ぜて、ねぎも加え、味を整える（にんじんダレ）。
⑤大根と糸寒天を混ぜて、各々の器に盛り、④を中央にかける。

◆ 大根と糸寒天の和えもの

大根（中）	5～6センチ
にんじん（小）	1/3～1/2本
青ねぎ	3～4本
糸寒天	10g
梅酢	（小）2～
しょう油	（小）1～
オリーブ油	（小）1

〈ドリア〉

①干ししいたけは半日以上水に浸し戻して、6～7ミリ角に切る。

②ごぼうは洗って4つ割りにして5～6ミリに切る（だいたい5ミリ角）。

③鍋に出し汁と共にごぼうを入れ、煮はじめる。

④にんじん、セロリも6～7ミリ角に切る。

⑤ごぼうがやわらかくなったら、しいたけ、にんじん、セロリを加えて、煮立ったら、みりん、しょう油を加え、トロ火で煮る。

⑥野菜がやわらかくなったら、発芽玄米ごはんを入れて、ゆっくり、焦がさないよう煮る（汁気がほとんどなくなるまで）。

⑦玉ねぎはみじん切りにしてしっかり炒める。桜えびはみじん切りにする。

⑧玉ねぎがよく炒まったところで桜えびを加え、ざっと炒め、小麦粉を加え

ドリア

◆ **ドリア**

発芽玄米ごはん	350～400g	桜えび	15g強
にんじん（小）	1本	玉ねぎ（大）	1ケ
ごぼう　（太）	20～25センチ	小麦粉	（大）2.5～3
干ししいたけ（中）	2枚	豆乳	2と1/2カップ～
セロリ（中）	1本	塩	（小）1/2～
出し汁	1.5～2カップ	こしょう	少々
しょう油、みりん	各（大）1	マーガリン	（大）2.5～3
チーズ	40g		
ぎんなん	12粒		
（塩ゆでして皮をむいたもの）			

炒め、豆乳を加えて絶えず木べら等でかき混ぜてホワイトソースを作る。
⑨ドロッとしてきたら、塩、こしょうで味付けし、よく混ぜて火を止める。
⑩チーズは細長く適当に切る。
⑪器に薄くマーガリンをぬり、4等分した⑥を入れ、平らにし⑨の4等分をかぶせるようにのせ、チーズを（4等分）飾るようにおき、中央にぎんなん3粒を飾る。温めておいたオーブン（220℃）で8～10分焼く。

〈糸寒天入りみそ汁〉

①里芋は洗って皮をむき、6～8つ切りにし、塩でもみ洗いし、水で洗い流す。
②出し汁と共に里芋を鍋に入れ、やわらかくなるまで煮る（ふきこぼれないよう気をつけて）。
③寒天はハサミで3～4センチに切り、細ねぎは5～6ミリの小口切りにする。
④②へみそを溶き入れ、③の寒天、細ねぎを加えてさっと混ぜて火を止める。

〈大豆と玉ねぎの炒めもの〉

①玉ねぎは半分に切り薄切りにし、にんじんは千切り、生姜はみじん切り。
②フライパンを熱し、ごま油（大さじ1）を入れ、玉ねぎを炒め、生姜、に

◆ 糸寒天入りみそ汁

里芋	2ケ
糸寒天	5g
細ねぎ	4～5本
出し汁	3～3.5カップ
みそ	適量

◆ 大豆と玉ねぎの炒めもの

煮大豆	1カップ
玉ねぎ（大）	1ケ
生姜	1片
にんじん（小）	1/2本
塩	（小）1/2～
青のり	（小）1～
削りぶし	（大）2～3
しょう油	少々

んじんと加えてゆっくり炒め、煮大豆を加え、さらに炒め、塩を加えて混ぜ、味を見てしょう油少々をたらし、青のり、削りぶしを加えて混ぜ火を止める。

〈青菜のみそ和え〉

①青菜はゆがいて水気をよくしぼり、1~2センチに切る。
②にんじんは千切りにし、塩をする。
③板のりはあぶって、細かくちぎる。
④白ごまペースト、みそ、酢をよく混ぜ合わせる。
⑤①、②、③を④で和える。

◆ 青菜のみそ和え

青菜（小松菜、春菊等）		1束
にんじん（小）		3～4センチ
板のり		1枚
白ごまペースト（練りごま）	（大）	1
みそ	（大）	1.5～2
酢	（大）	1

冬＊12

〈発芽玄米のごはん〉

〈根菜の炒めもの〉

①れんこん、長芋、にんじん、大根は各々薄いイチョウ切りにする。
②生姜はみじん切り、カシューナッツは半分に切る。
③中華鍋を熱し、ごま油をしき、生姜、ちりめんじゃこを加え炒め（カリカリした感じ）、取り出す。
④もう一度油をしいて、れんこん、にんじん、大根、長芋と順次加えながら炒める。火が通ったらカシューナッツも加え炒める。
⑤④へ取り出した③を加え混ぜる。
⑥◎を混ぜ合わせ、⑤へ加え、全体に混ぜ、味がなじめば出来上がり。

◆根菜の炒めもの

れんこん（中）	1/4～1/2本
長芋	3～4センチ
にんじん（小）	1/2～1本
大根（中）	3～4センチ
生姜	1片
ごま油	適量
ちりめんじゃこ	30～40g
カシューナッツ	15～16粒
◎・酒	（大）1
・しょう油	（大）1/2
・酢	（小）1

〈えびしんじょ〉

① 水に半日以上浸し戻したしいたけはみじん切りにする。
② ユズは皮の半分程度を千切りにし実はしぼる（1ケ分）。
③ 山芋は洗ってスプーンなどで皮をむき、おろして、②のしぼり汁を混ぜ合わせる。ぎんなんは4つ切りにし、桜えびはみじん切り。
④ ③へ塩、小麦粉を加え混ぜ、しいたけ、桜えび、ぎんなんも加え、さらに混ぜ合わせる。
⑤ 小さなアルミホイルに④を6～8等分して入れ、蒸気の上がった蒸し器で5～6分、強火で蒸す。
⑥ 蒸し上がったら取り出し、1～2分おいて、アルミホイルから出し、器に入れ、ユズの皮の千切りを飾る。

〈長芋の酢のもの〉

① 長芋は洗って皮をむき、千切りにし、ボールに入れ、ユズ汁をからませる。
② にんじんは千切りにして塩少々をする。ブロッコリーは粗みじん切り。
③ 板のりはあぶってハサミで千切りにする。
④ ①へにんじん、ブロッコリーを加え混ぜ、玄米酢、塩、しょう油を味を見

◆ えびしんじょ

山芋	150～160 g
小麦粉	（大） 2
塩	（小） 1/4～
干ししいたけ（中）	1枚
ぎんなん	10～12粒
（塩ゆでして皮をむいたもの）	
桜えび	10～15 g
ユズ（小）	1ケ

◆ 長芋の酢のもの

長芋	4～5センチ
ブロッコリー（塩ゆでしたもの）	1/6～1/5ケ
にんじん（中）	2～3センチ
板のり	1枚
ユズ汁	小1ケ分
玄米酢	（小） 1
塩・しょう油	適量

ながら加え、よければ③の板のりも加えて、ざっと混ぜ合わせる。

〈大豆のみそポタージュ〉

①にんにく、玉ねぎはみじん切りにする。

②深鍋にごま油、マーガリンを入れ、①をしっかりしっかり炒める。

③キャベツは2～3センチのざく切り、じゃがいもは薄めのスライス。細ねぎは細かい小口切りにする。

④②がしっかり炒まったところでじゃがいもを加え炒め、さらにキャベツを加え炒め、煮大豆も加えざっと炒め、大豆の煮汁と水を加え、ベイリーフを入れて煮る。煮立ったらトロ火にして、ゆっくり煮込む。

⑤よく煮えてトロッとしてきたら、ベイリーフを取り出し、白みそ、みそを溶かし入れ、味付けする。刻んだ細ねぎを加えて火を止める。

大豆のみそポタージュ

◆ 大豆のみそポタージュ

煮大豆	2～2と1/2カップ
玉ねぎ（大）	1ケ
にんにく	1片
キャベツ（小）	1/4ケ
じゃがいも（小～中）	2ケ
ベイリーフ	1～2枚
白みそ	（大）2～3
みそ	（大）1～
ごま油	（大）1
マーガリン	少々
細ねぎ	2～3本
大豆の煮汁プラス水	3～4カップ

〈玄米餅のカツ〉

①板麩はびしょびしょにぬらした布巾に包み、しっかり戻す。

②戻した板麩を切り広げ、大きな1枚とし、それを3つに切る。

③みそ、黒ごまペースト、米酢をよく混ぜ合わせる。

④板のりは1枚を6枚に切る（9枚できるが、使うのは8枚）。

⑤玄米餅は厚みが均等になるよう気をつけて半分に切る（計8枚）。

⑥切った餅に③のペーストを片面にぬる（③を8枚分に分けて）。

⑦⑥に板のりを巻き、さらに、④の板麩を巻き、小麦粉をつけ、溶きたまごをつけ、パン粉をつける。

⑧フライパンにごま油をやや多めに入れ、⑦をこんがり、カツのように焼く。焦がさないよう、やや低めの温度でゆっくり焼く（餅がやわらかくなるよう）。

※付け合わせにブロッコリーの塩ゆでを。

◆ 玄米餅のカツ

玄米餅（小さい四角いもの）		4ケ
板麩		3枚
板のり		1.5枚
たまご		1ケ
みそ	(大)	1強
黒ごまペースト（練りごま）	(大)	1
米酢	(小)	1
小麦粉、パン粉、ごま油		適量

〈れんこんの酢のもの〉

①れんこんは薄いイチョウ切りにし、小鍋に酢と水（かぶる程度）と共に入れ、ざっとゆがき、ザルに上げる。
②にんじんは千切りにして塩をする。ユズは皮を（半分位）千切りにし、実はしっかりしぼる。
③わかめは塩を洗い落とし、千切りにし、湯通しし、冷水をかけすぐ水を切る（ザルへ）。
④①のれんこん、にんじん、ユズ皮、わかめをボールに入れ、ユズのしぼり汁、塩、しょう油と共に混ぜ合わせる。味を整えて、器に分ける。

〈グリーンポタージュ〉

①板麩はバット等に水を張り、浸してよく戻す。
②青菜はゆがいて冷水に取り、固くしぼり、2～3センチに切る。
③玉ねぎはみじん切りにして、鍋にごま油をしき、しっかり炒め、水を加えて15～20分煮込む。
④よく戻した板麩を軽くしぼり、2～3センチに切る。
⑤③を少し冷まして、②の青菜と④の板麩と共にミキサーにかける。

◆ れんこんの酢のもの

れんこん（小）	1本
にんじん（小）	1/2本
ユズ（小）	1ケ
わかめ（塩蔵）	20g
米酢	少々
塩	少々
しょう油	適量

◆ グリーンポタージュ

青菜（orほうれん草、ケール等）	1束
玉ねぎ（中）	1ケ
水	3～3.5カップ
板麩	1.5枚
塩	（小）1～
こしょう	少々
パン（orクラッカー等）	1/4～1/2切
ごま油	（大）1/2～

⑥⑤を再び鍋に戻して煮立て、塩、こしょうで味付けし、各々の器に注ぎ、細かく切ったパンを中央に飾る。

〈信田巻き〉

①干ししいたけは半日以上水に浸して戻し、みじん切りにする。
②にんじんは長いままで5ミリ角に切り、塩少々を入れて煮ておく。
③油揚げは油抜きして三方の端を切り、1枚に広げる（2枚分）。
④生姜はみじん切り、油揚げの切り端もみじん切りにする。
⑤グルテンバーガー、④の生姜、油揚げの切り端、①のしいたけ、◎をよく混ぜ合わす。
⑥③の油揚げを広げ、くず粉を茶こしなどで全面にかけ、⑤を3／4位まで広げてのばし、にんじん5～8本位と小松菜をおき、巻きずしの要領で巻き、のり用に少しのくず粉をつけて止める（2本分）。
⑦蒸気の上がった蒸し器で10分蒸し、冷ましてから1本を6～8つ切りにして器に盛る。

◆ 信田巻き

にんじん（小）		1/2本
小松菜（ゆがいて水を切ったもの）		適量
グルテンバーガー		100g
干ししいたけ（中）		2枚
生姜		1片
油揚げ		2枚
◎・みそ	（大）	2～3
・みりん	（大）	2～3
・くず粉	（大）	1
他にくず粉		少々

冬 *14

〈すいとん風ほうとう〉

①強力粉、そば粉、塩をふるって水を加えよく練り、耳たぶ位の固さにまとめ、ぬれ布巾をかぶせてねかせる。

②糸こんにゃくは2～3センチに切り、ゆがいてザルに上げる。

③大根、にんじんは薄切りのイチョウ切り。ねぎは薄めの小口切り。カボチャは5～7ミリ位に切り、里芋は2つ切りにして1～1.5センチに切る。

④油揚げは油抜きして、たて半分に切り、3～4ミリに切り、しめじは石付を切り落としバラバラにほぐしておく。

⑤鍋にねぎ以外の②、③と出し汁を入れて煮る。煮立ったらトロ火にして4～6分煮て、油揚げ、しめじ、ねぎを加え煮る。

⑥その間に、ねかしておいた①を打ち粉（そば粉）を広げた上で薄くのばし、たたみ、1センチ幅で、2～3センチの長さ位に切る。

◆ すいとん風ほうとう

〈ほうとう〉	
・強力粉	50g
・そば粉	30g
・水	50cc～
・塩	少々
カボチャ	450～500g
糸こんにゃく	1/2袋
里芋（小）	4ケ
大根（中）	3センチ
にんじん（小）	1/3～1/2本
しめじ	1袋
ねぎ（太）	1～1と1/2本
油揚げ	1枚
出し汁	4～5カップ
みそ	適量

⑦⑤を煮立て、⑥をどんどん入れて、8～10分位煮て、火がしっかり通ったら、みそを溶き入れ、火を止める。

〈海藻のみそ和え〉

①しらたきは2～3センチに切り、ゆがいてザルへ。
②ふのりは石付やごみを取り、ザルに入れ熱湯をざっとかける。
③糸寒天はハサミで3センチ位に切り、熱湯の中へ入れ、ざっとかき混ぜ、すぐにザルに取り流水をかけながら手でサラサラするまで洗い、水を切る。
④わかめは塩を洗い落とし、5～6ミリに切り、ザルに取り熱湯をかけ、すぐ冷水をかけ水を切る。
⑤小鍋に白みそ、米酢、出し汁を入れ、焦がさないようよく混ぜながら火を通し、冷まし、わさびとしょう油を加え、かき混ぜる。
⑥①、②、③、④を⑤で和える。

〈ごまあん餅〉

①黒ごまはよくすりつぶす。レーズンは湯で洗い、細かく刻む。くるみはみじん切りにし、あんの材料をしっかり混ぜ合わせる。

◆海藻のみそ和え

糸寒天		5～7 g
ふのり		10 g
わかめ（塩蔵）		30 g
しらたき		1/2袋
白みそ		80 g
米酢	（大）	1.5
出し汁	（大）	1
しょう油	（小）	1と1/2
わさび（練り）	（小）	1

◆ごまあん餅

白玉粉		80 g
玄米粉		30 g
水		80cc～
塩		少々
きな粉		20 g
〈あん〉		
・黒炒りごま		40 g
・レーズン		30 g
・くるみ		30 g
・ハチミツ	（大）	1～
・塩		少々

② ①を12等分にし、手に油をつけて丸め、皿などに並べておく。

③ 白玉粉に水を加え練り、なめらかになったら玄米粉を入れよく練り混ぜ、耳たぶ位の固さにして12等分し、②のあんを丁寧に包み、平たい餅にする。別の大皿にきな粉と塩を混ぜて広げておく。

④ 熱湯の中へ③の餅を入れ、餅が浮き上がってきたらさらに1～2分そのままおき（おどらない程度で）、ザルに取り、すぐ大皿のきな粉へ取り、まんべんなくきな粉をまぶす。

〈大根のカナッペ〉

① 大根はきれいに洗って半分に切り、薄く切る（大きさによっては4等分してもよい）。

② Aでは、チーズを細かく刻み、セロリのつくだ煮、白ごまペーストをよく混ぜ合わせる。

③ Bでは、くるみをみじん切りにし、ねぎは細かい小口切りにして、みそ、削りぶし、みりん、くるみ、細ねぎをよく混ぜ合わせる。

④ Cでは、にんじんはすりおろし、パセリ、マヨネーズ、塩を混ぜ合わす。

⑤ ①の大根に少量ずつ②、③、④を各々のせる。

◆ 大根のカナッペ

大根（中）	6～7センチ
A	
・セロリのつくだ煮	（大）2～3
・チーズ	20g
・白ごまペースト（練りごま）	（小）1～1.5
B	
・みそ	（大）1
・削りぶし	（大）2
・みりん	（大）1
・くるみ	20g
・細ねぎ	2～3本

C	
・にんじん（小）	3～4センチ
・マヨネーズ	（大）1
・パセリ（みじん切り）	（小）1
・塩	少々

〈発芽玄米のごはん〉

〈根菜のがんもどき風〉

① ごぼう、れんこん、にんじん、桜えびはみじん切りにする。
② 長芋はきれいに洗って皮をむき、すりおろす。
③ ②へよくふるった小麦粉を加え、塩も加えよく混ぜる。
④ ③へ、①のごぼう、れんこん、にんじん、桜えび、さらに青のりも加え、しっかり混ぜ合わせ、大さじ1位ずつを、揚げ油で揚げる。

〈きのこのチーズ焼き〉

① グルテンミートは薄切り（3～5ミリ）にし、水分をしっかり拭き取り、ボールに入れ、酒と塩少々を加え、浸しておく。

根菜のがんもどき風

◆ 根菜のがんもどき風

長芋		150 g
小麦粉		60～70 g
れんこん		50 g
ごぼう		30 g
にんじん		30 g
桜えび		10 g
青のり	（大）	1
塩	（小）	1/2

②しめじは石付を取り、4等分（房で）し、マイタケも4等分する。

③チーズは薄く4枚に切る。

④アルミホイルを4枚用意する（20～25センチ角位のもの）。

⑤①のグルテンミートの1／4量と、しめじ、マイタケそれぞれ4等分ずつをアルミホイルにのせ、さらにぎんなん3粒ずつをのせ、チーズものせ、マーガリンほんの少しと、しょう油小さじ1ずつをかけ、きっちり包み、温めておいたオーブン（200℃）で12～13分焼く。

〈れんこんのキンピラ〉

①れんこんは洗って皮のままたて半分か4半分に切り、薄切りにする。

②生姜は細かいみじん切り。

③厚手鍋を温め、ごま油（大）1／2位しき、れんこん、生姜を焦がさないよう炒め、ざっと油がまわり、炒まったところで、出し汁、みりん、しょう油を加え、トロ火で炒め煮する。

④汁気がなくなるまで、かき混ぜながら煮る（手荒にしない）。

れんこんのキンピラ

◆ きのこのチーズ焼き

マイタケ	1袋
しめじ	1袋
グルテンミート	100g
チーズ	40～50g
酒	（大）1～
しょう油	（小）4
ぎんなん（薄皮を取ったもの）	12粒
マーガリン	少々
塩	少々

◆ れんこんのキンピラ

れんこん（小）	1本（250～300g）
生姜	少々
出し汁	（大）1～
みりん	（大）2
しょう油	（大）1

〈昆布汁〉

①玉ねぎはみじん切りにしてごま油少々でよく炒める（ペタペタになる）。

②昆布は1～2センチ角か粗い千切りにする。

③①がよく炒まったら、②と、出し汁3.5カップ（0.5カップ残しておく）を加え煮立てる。トロ火で4～6分煮たら、冷ましてミキサーにかける。

④③を鍋へ戻し、ミキサーを、残しておいた出し汁で洗って、それも鍋に入れ、黒ごまペーストを入れ、よく混ぜ合わせ煮立て、板麩を細かく割って加える。

⑤煮立って、板麩がやわらかくなったら、みそを溶き入れる。

〈ほうれん草のおひたし〉

①ほうれん草はゆがいて固くしぼり、2～3センチに切り、しょう油と酢をかける。

②板のりはざっと火であぶり、細かくちぎり、①と混ぜ合わせ、味を調節し、器に盛り、削りぶしをのせる。

◆ ほうれん草のおひたし

ほうれん草	1束
板のり	1枚
しょう油	適量
米酢	少々
削りぶし	（大）1～

◆ 昆布汁

出しを取った後の昆布	130～150 g
黒ごまペースト（練りごま）	（大）1
出し汁	4カップ～
玉ねぎ（中）	1ケ
みそ	適量
板麩	1枚

正月料理

〈黒豆〉

①黒豆をよく洗って3倍の水と古いくぎ等（鉄のもの）と塩少々を加えて一晩浸しておく。
②厚手鍋に①を入れ、中火で煮、煮立ったら、トロ火にして2～3時間気長に煮る。
③豆がやわらかくなるまでときどき様子を見て、水が減ったら足す（豆がいつも汁をかぶっていること）。豆がやわらかくなったら黒ざとうを入れ、トロ火で煮る。
④30～40分トロ火で煮たら、火を止めて、そのまま冷ます。
⑤④がすっかり冷めた頃、煮汁で味を見て（甘さは好みで）、黒ざとうを加えたり、塩を加えたりして、火をつけ、トロ火で30～40分煮含める。
⑥また火を止めて、一晩そのままにしておく。
⑦⑥の煮汁、豆で味を見、塩、しょう油等で味を整え、トロ火で煮立て20～30分煮、火を止め、味をなじませる。冷めてから器に入れる。
※鉄（くぎ等）はガーゼに包んで使用すること。

◆ 黒豆

黒豆	1カップ
水	3カップ
黒ざとう	（大）7～
塩	（小）1/2
しょう油	少々

〈昆布巻き〉

①油揚げは油抜きして切り開き、2枚にする（計4枚になる）。
②かんぴょうはさっと水洗いして、ザルに取る。
③昆布はかぶる程度の水に浸し、少しやわらかくする。長時間つけない。つけ汁は捨てない。
④ごぼうはきれいに洗って、昆布の幅に（おおよそ）切る。
⑤油揚げでごぼうを巻き、さらに、しっかりと昆布で巻き、かんぴょうで3ヶ所、しっかり結ぶ。
⑥鍋に⑤を並べ入れ、昆布のつけ汁、みりん、しょう油を加えて煮、煮立ったら、トロ火で落としぶたをして、じっくり煮込む。
⑦竹ぐしでさしてみて、ごぼうがすっかりやわらかくなっていたら、やや火を強めて汁気がほとんどなくなるまで煮る（焦がさないように）。
⑧冷めてから、好みの形に切る。輪に切る、門松の竹のように斜めに切るなどして、器に盛る。

◆ 昆布巻き

昆布（15〜20センチのもの）	4枚
油揚げ	2枚
ごぼう（細めのもの）	1〜1と1/2本
みりん、しょう油	各（大）2
かんぴょう（or干したコーンの皮）	適量
水	適量

〈田作り〉

① 田作りはオーブン皿（鉄板）にクッキングシートをしき、平らに並べ、220℃に温めておいたオーブンで、2分焼き、すぐオーブンのふたをあけて、オーブン皿を取り出し、オーブンの中を少し冷まし、またオーブン皿を入れて、2～3分おく（パリッとする）。

② ごまは切りごまにする。

③ 大皿にごま油少々をぬっておく。

④ フライパンにハチミツ、みりん、しょう油、水を入れ、火にかけ、煮立ってきたら、かき混ぜないでフライパンをゆり動かしながら様子を見ながら煮立て、表面にハリが出てきたら生姜汁を加え、さらにフライパンをゆすって火を止め、①の田作りを入れ、手早く混ぜて、からませる。

⑤ ④を③の大皿に広げるように入れ、切りごまをふる。冷めてから器へ。

〈だて巻き〉

① カボチャは皮ごと蒸して、皮を除き（皮を取って、70～80g）、マッシャー等で丁寧につぶしておく（裏ごしもよい）。

② たまごをよく溶きほぐして、ハチミツ、みりん、しょう油を加え、よく混

◆ 田作り

田作り	35～40g
白ごま（炒ったもの）	（小）1
ハチミツ	（大）1
みりん	（大）1
しょう油	（大）1
水	（大）2
生姜汁	（小）1

ぜる。
③①の中へ②を流し入れるが、だまにならないようよく混ぜながら入れ、さらによく混ぜ合わせる。
④ガスの（五徳の）上にガス網などを置いてフライパンをおき、中火で温めてごま油を丁寧にしき、③をよく混ぜながら流し入れ、7分位中火から弱火の強位の火で焼き、残り3分は弱火で焼くと、表面が乾いて底はきれいな焼き色になる。このときフライパンにはアルミホイルをきっちりかぶせておく。
⑤表面が乾いたところで巻きすに取り、端からしっかり巻き、そのまま冷めるまでおく。
⑥すっかり熱が取れたら、巻きすからはずし、1.5センチ位に切る。

◆だて巻き

たまご	4ケ
カボチャ（タネを取って）	80～100g
ハチミツ	（大）1
みりん、しょう油	各（大）1
ごま油	少々

おやつ

おやつ＊和風的なもの

〈カボチャの焼きまんじゅう〉

①カボチャに塩、強力粉、小麦粉、シナモンを加えよく練る（カボチャの水分によって粉の量を加減する）。

②くるみはみじん切り、プラムはタネを取り、みじん切りにする。

③車麩は、削るように細かいみじん切りにする。

④黒ざとう、塩、水を小鍋に入れ煮溶かし、②のくるみ、プラム、③の車麩、黒ごまペーストを加えて、しっかり混ぜ合わせ、火を止めて冷ます。

⑤④を12等分し、力を入れて固く丸めておく。

⑥①も12等分し、⑤を入れて包み、形を整えて（平たいまんじゅう）、皿に油をしき、並べる。

⑦フライパンを熱し、ごま油をしき（少し多め）⑥を焼く。表裏焦げめをつけ、ゆっくり中火から弱火で焼く。

〈白玉団子〉……小豆あん、えだ豆あんで

①さっと水を切った豆腐を裏ごししながらボールに入れ、白玉粉と塩をよく混ぜ合わせる。よく混ざったところで玄米粉を加え、さらに練り混ぜて、小

◆ カボチャの焼きまんじゅう

カボチャ（蒸して裏ごしたもの）		250 g
強力粉		80 g
小麦粉		20 g
塩		少々
シナモン（粉）	（小）	1
黒ざとう（粉状のもの）	（大	1
水		80～90cc
塩	（小）	1/2
黒ごまペースト（練りごま）	（大）	3
車麩		2ケ
くるみ		40 g
干しプラム（大）		3ケ
ごま油	（大）	1/2～

さな団子に丸める。

② 沸騰した湯の中へ団子を半量ずつ位入れ、浮き上がってきたら、1分位そのままおき、冷水に取りザルへ。

③ 皿に盛りつけ、上から小豆あんをかける。

※ 小豆あんはやわらかく煮た小豆に、黒ざとうや、ハチミツ、塩少々を加えて、ゆっくり煮たもの。

〈沖縄のくずもち〉

① 黒ざとうは薄く刻み粉状にする。きな粉は塩を加えてよく混ぜ、きれいなまな板の上に広げておく。

② くず粉、片栗粉、黒ざとう、水を鍋に入れ、よく混ぜてから火にかけ、絶えずかき混ぜながら（中火で）、くず粉がもったりして混ぜづらくなってから、さらに2～4分ほどしっかり混ぜる（すき通った感じになる）。

③ ②をまな板のきな粉の上へ流すようにおき、手にきな粉をつけながら、のし餅のように形を整える。

④ 少し冷めたら、切り口にきな粉をつけながら、好みの形に切り分ける。

◆ 白玉団子

白玉粉	80 g
玄米粉	20 g
豆腐	200 g（半丁位）
小豆あん	300 g
塩	（小）1/2

◆ 沖縄のくずもち

くず粉	50 g
片栗粉	50 g
黒ざとう	60～70 g
水	310～320 g
きな粉	25～30 g
塩	（小）1/6

〈さつまいものオレンジ茶巾しぼり〉

①さつまいもは厚めに皮をむき、1～2センチの輪切りにし、さっと水をくぐらせ、ザルに取る。皮は捨てない。

②①のさつまいもを鍋に入れ、オレンジジュースと塩を加えて、トロ火で煮る。

③すっかりやわらかくなったら、焦がさないよう水分をとばし、火を止めて、マッシャーでつぶし、大きなへらなどでしっかり練り上げる。

④③へみじん切りくるみとマーガリンを加え、混ぜ、冷ましておく。

⑤④を6～12等分にし、固くしぼったぬれ布巾に取り、茶巾にしぼる。

※さつまいもの皮は千切りにし、桜えび、白ごま、青のり、塩少々を混ぜ合わせ、天ぷらの衣に混ぜ、かき揚げにする（酒の肴にも、子供のおやつにも）。また、きんぴら（みりん、しょう油で味付けし、すりごまをかける）でもおいしい。

さつまいものオレンジ茶巾しぼり

◆ さつまいものオレンジ茶巾しぼり

さつまいも		500 g
オレンジジュース		1缶
マーガリン	（小）	1～2
塩	（小）	1/2
くるみ（みじん切りしたもの）		20 g

〈よもぎ団子〉

①よもぎは細く刻み、包丁の裏で叩きつぶし、さらにすり鉢に入れてすりつぶす。

②白玉粉に水を加え、固まりがなくなったら玄米粉を加え、ほどよい固さになるよう、水を少しずつ加え、耳たぶ位の固さになったら、まとめて①のすり鉢の中へ入れて、よもぎとしっかり混ぜ合わせる。それから、1～1.5センチの団子を作る。

③ハチミツと梅酢は混ぜ合わせる。別の皿にきな粉を広げる。

④たっぷりの熱湯を沸かし、②の団子を入れ、浮き上がってきたら2～3分おいて水に取り、そっとザルへ上げ、③の梅酢ハチミツをくぐらせ、きな粉の皿へ。

⑤たっぷりのきな粉をつけた団子を、皿に盛りつける。

◆ よもぎ団子

白玉粉（or 団子の粉）	100～120 g
玄米粉	80～100 g
よもぎ（ゆがいてしぼったもの）	80 g 位
きな粉	適量
水	110cc～
ハチミツ	（大） 2～2.5
梅酢	（大） 1弱

〈カボチャようかん〉

①棒寒天は洗って1時間以上水に浸しておく。
②カボチャは皮を削るように取り、タネも取り、大きめに切って蒸す。
③蒸したカボチャは裏ごすか、丁寧につぶし、シナモンを加え、混ぜ合わせる。
④①の寒天をしぼり、細かくちぎり、分量の水を加えて火にかけ、ふきこぼれないよう気をつけて煮溶かす。きれいに溶けたら、ハチミツと塩を加えて混ぜ、③のカボチャを加えてよく混ぜ、強火にして2～3分練り混ぜ、水でぬらしておいた流し缶に入れて、冷やし固める。
※カボチャの皮は千切りにして、キンピラにしたり、みそ汁の具に。

〈柏餅〉……12ケ分

①柏の葉はひと晩、水に浸しておき、拭いて水気を切っておく。
②小豆あんは12等分し、丸めておく。
③上新粉と玄米粉を混ぜ合わせ、水を加え、よくこねる。
④③を4つに分け、蒸気の上がった蒸し器で（布巾をしいて）20分蒸す。
⑤蒸し上がったら、布巾に包んだ状態で水に取り、水の中でもみ、少しやわらかくして、すり鉢に入れ、すりこぎでつきながら、また手水をつけながら

◆ カボチャようかん

カボチャ	400 g
棒寒天	1本
水	350～400cc
ハチミツ	80～100 g
シナモン（粉）	（小）1
塩	少々

◆ 柏餅

柏の葉（乾燥）	12枚
小豆あん	400～450 g
上新粉	180 g
玄米粉	40 g
ぬるま湯or水	160cc位
片栗粉	（大）1～1.5

こねるのをくり返して、ほどよい固さに仕上げる。
⑥大皿に片栗粉を広げ、⑤を12等分し、片栗粉をつけながら楕円形にのばし、②の小豆あんをのせ、2つ折りにし、閉じ口をしっかり押さえる。
⑦柏の葉で⑥を包み、蒸気の上がった蒸し器で強火にして、5～6分蒸す。
※小豆あんは煮小豆（400g）に50～70gの黒ざとうと塩（小）1／2を加え、トロ火でよく煮たものです。

〈ごまゼリー〉

①棒寒天は洗って1時間以上水に浸しておき、しぼって細かくちぎり、水と共に鍋に入れ煮溶かす。
②その間にプリン型（6～7ケ）を用意し、水をはっておく。
③ボールに、白ごまペーストと豆乳を入れ、しっかり混ぜ合わせる。
④①の寒天がきれいに溶けたら、ハチミツ、塩を加え、よく混ぜ火を止める。
⑤③へ④を注ぎ入れ、混ぜ合わせ、②のプリン型（水を捨てて）に流し入れ、冷やし固める。
⑥◎をしっかり混ぜ合わせ、よく固まった⑤を型からはずして器に入れ、上からそっとかける（ごまダレ）。

◆ ごまゼリー

棒寒天	1本
豆乳	1と1/2カップ
水	1と1/2カップ
ハチミツ	（大）1.5
白ごまペースト（練りごま）	（大）1.5
塩	（小）1/2
◎・黒ごまペースト（練りごま）	（大）1～
・ハチミツ	30～50g
・水	（大）1/2
・梅肉エキス	（小）1/2

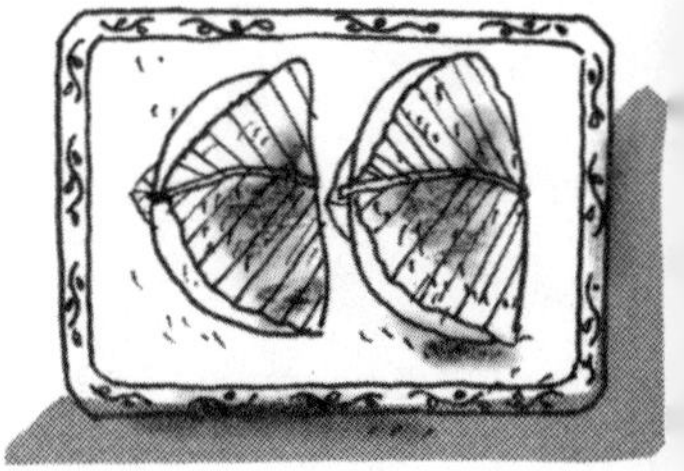
柏餅

おやつ＊洋風的なもの

〈おからクッキー〉

①黒ざとうを裏ごし、マーガリンを加えよく練り混ぜる。くるみはみじん切りにする。

②①へたまごを入れよく混ぜ、おから、白ごま、くるみ、塩を加え、混ぜる。

③②へふるった小麦粉を加え、練り混ぜ、天板にクッキングシートをしき、その上に平らに広げる。

④温めておいたオーブン（160℃）で15～16分焼き、まな板に取り、熱いうちに切り分け、網の上に広げて冷ます。

〈ブラウニー〉

①くるみは粗みじん切り、白ごまも粗く刻む。

②ボールにマーガリンを入れ、練る。

③黒ざとうをふるって②へ加え、混ぜ合わせる。

④③へ塩、たまごも加え混ぜ合わせ、くるみ、白ごまも加え、混ぜる。

⑤小麦粉、ココア、黒炒り玄米粉をふるって④へ加え、混ぜ合わせる。

⑥鉄板にキッチンペーパーをしき、⑤を流し入れ、1枚の板のようにのばす。

◆ おからクッキー

おから	110～120 g
小麦粉	140 g
たまご	1ケ
黒ざとう（粉）	50 g
塩	（小）1/2
白炒りごま	10 g
くるみ	40 g
マーガリン	60 g

◆ ブラウニー

小麦粉	150 g
ココア（粉）	（大）2
黒炒り玄米粉	60 g
黒ざとう（粉）	70 g
たまご	3ケ
マーガリン	80 g
くるみ	50 g
白炒りごま	10 g
塩	（小）1/2

⑦温めておいたオーブン（160℃）で20分焼く。
⑧焼き上がったら、まな板に取り、熱いうちに適当に切り分け、網の上に並べ冷ます。

〈りんごケーキ〉……18センチ型

①型にマーガリンをぬる。紅花油をボールに入れ、塩と混ぜ合わせておく。アーモンドは薄くスライスし、レーズンは半分位に刻む。
②りんごは皮をむき、芯を取り、0.8～1センチ角位に切っておく。
③①のボール（紅花油の）へたまごを入れ、よく混ぜ合わせる。
④③へ、レーズン、りんごを加え、小麦粉とシナモンをふるいながら加え、混ぜ合わせる。
⑤①の型へ④を流し入れ、表面を整えて、アーモンドを上にまぶすように広げる。
⑥温めておいたオーブン（170℃）で35分焼く。
⑦少し冷ましてから切り分ける。

◆ りんごケーキ

りんご（小～中）皮をむいて、3ケ（500g）	
レーズン	50g
たまご（大）	2ケ
小麦粉	80g
シナモン	（小）1
紅花油（orオリーブ油）	50g
塩	（小）1/2
アーモンド	15～16粒
マーガリン	少々

〈車麩のサバラン〉

① 浅くて広い鍋に水とハチミツ、マーガリン、オリーブ油を入れてトロ火で煮立てる（きちんと煮立たなくてもハチミツが溶ければよい）。車麩を重ならないよう並べ、トロ火で、両面を返しながら、焦がさないよう注意をはらって汁気がなくなるまで煮る。

② 小さな深めのボール等にココアを入れ、熱湯を加え、しっかり混ぜる。

③ ②へ、ハチミツ、塩を加え、さらに混ぜる。

④ 各々の皿に①を半分に切って少しずらして並べ、③をぬりつけるようにかける（夏など、冷たくして食するといっそうおいしい）。

〈おからケーキ〉……22センチ型（フルーツケーキ感覚で）

① 干しプラムはタネを取り、粗みじん切りにする。

② レーズン、クコの実、プラムをワインに漬け込む。

③ くるみ、りんごはみじん切りにする。

④ 黒ざとうは裏ごしをして紅花油を加え、混ぜ、卵黄、塩を加え、さらに混ぜ、おから、②、③も加えて混ぜる。

⑤ 型にマーガリンをぬり、キッチンペーパーをしく。④へふるった小麦粉を

◆ 車麩のサバラン

車麩	4ケ
水	1カップ強
ハチミツ	（大）2
マーガリン	（小）1
オリーブ油	（大）1
熱湯	（大）1
ココア（粉）	（大）1
ハチミツ	（大）1
塩	少々

◆ おからケーキ

おから	150g
小麦粉	110g
黒ざとう（粉）	50g
たまご	4ケ
紅花油（orオリーブ油）	70〜80g
塩	（小）1
干しプラム	4〜5粒
くるみ	50g
レーズン	40g
りんご	1/2ケ
クコの実	20g
ワイン（白、赤どちらでも）	少々

加え、混ぜる。
⑥しっかり泡立てた卵白を3回に分けて⑤へ混ぜ込み、型に流し入れ、温めておいたオーブン（160℃）で30分位焼く。

〈ケーキプディング〉

①ケーキ型にマーガリンをぬっておき、蒸し器の用意をしておく。
②マーガリンとハチミツをしっかり混ぜ合わせる。よく混ざったところで卵黄2ケ分を加え、パン粉、きな粉を加え混ぜ、さらに豆乳も加えよく混ぜる。
③卵白に塩（小）1／2を加えて固く泡立てる。これを2回位に分けて②へ入れ込み、さっくり混ぜ合わせる。
④③を①のケーキ型に入れ、蒸気の上がった蒸し器で35分位（強火）蒸す。
⑤小鍋にハチミツと小麦粉を入れ、よく混ぜてからたまごを加えさらに混ぜ、豆乳を加えて火にかけ、絶えずかき混ぜ、トロッとしてきたら、チンピを加え火を通して、④の出来上がったケーキの上からかける（温かくても、冷めたくしてもおいしい）。
※チンピがないときは、ココア（小）1や、茶の粉（小）1などでも、応用できる（感じはかなり違いますが）。

◆ ケーキプディング

マーガリン	35 g
ハチミツ	60 g
たまご	2ケ
パン粉	100 g
きな粉	20 g
豆乳	200cc

〈ソース用〉

・ハチミツ	（大）1.5
・小麦粉	（大） 1
・たまご	1ケ
・豆乳	200cc
・チンピ	（小） 2

(みかんの皮の干したものを粉にして)
他にマーガリン少々

〈みそパイ〉

①みそと水をよく溶き混ぜる。

②小麦粉にマーガリンを入れ、フォークか大きなスプーンでマーガリンをつぶしながら粉をなじませ、混ぜ合わす。カシューナッツはみじん切り。

③マーガリンが粉にしっとりなじんだら、①を加え全体にゆきわたるよう直接手を使わないで（大きなスプーンなどで）混ぜ合わせ、ナッツも加え、練り合わせまとめて、固くしぼったぬれ布巾で包み、30分ほど冷蔵庫でねかせる。

④天板にクッキングシートをしき、③をぬれ布巾で押さえながら形よく広げる。

⑤温めておいた（200℃）オーブンで約4分焼き、150℃に下げて14～15分焼き、まな板に出し適当に切り分ける。

〈オレンジケーキ〉……18～22センチ型

①ケーキ型にマーガリンを薄くぬり、クッキングシートをしいておく。

②くるみはみじん切りにする。たまごは卵黄、卵白に分ける。

③卵黄をよく溶きほぐし、紅花油、くるみ、オレンジジュース120cc、ハチミツ、よくふるった強力粉を入れ、混ぜ合わせる。

④卵白に塩を入れ、固く泡立てる。

◆ オレンジケーキ

強力粉	150 g
紅花油	60 g
ハチミツ	50 g
(オレンジジュースの甘さで加減)	
他にハチミツ	（大）2
みかんジュース	350～380cc
くるみ	40～50 g
たまご	3ケ
塩	（小）1/2
他にマーガリン少々	

◆ みそパイ

小麦粉	130～140 g
みそ	25 g
水	（大）3
マーガリン	70 g
カシューナッツ（orくるみ）	20～30 g

⑤③へ④の卵白を2～3回に分けて入れ、混ぜ、ふっくらした状態で型に流し込み、温めておいたオーブン（160℃）で30～40分ほど焼く（竹ぐしをさしてみて、焼き加減を見る）。
⑥焼き上がりを見計らって、小鍋にジュースとハチミツを入れておき、ケーキが焼き上がったら、火を入れ、煮立てる。その間にケーキを型からはずし、沸き上がったジュースをケーキの上からまんべんなくかけて冷ます。冷める間にケーキがきれいにジュースを吸収します。
※夏は少し冷やすとおいしい。

〈さくさくクッキー〉

①マーガリンをボールに入れ、よく練り、ハチミツを加え、混ぜ、卵黄も加え、しっかり混ぜる。
②くるみはみじん切りにする。
③①へ②を加え、混ぜ、小麦粉をふるいながら加え、混ぜ合わせる。
④鉄板にクッキングシートをしき、③を茶さじ1杯ずつ並べ、フォークで型押しをする。
⑤温めておいたオーブン（160℃）で7分、その後、上火だけにして4分焼く。

◆ さくさくクッキー

小麦粉	100 g
卵黄	1ケ分
ハチミツ	40～50 g
くるみ	40 g
マーガリン	60 g

おわりに

身近にある野菜に少しの手を加えることで、おいしい料理に変身すること、〝作りたい、食べたい、人にも食べさせたい〟など、感じていただけたでしょうか。料理を楽しみ、気軽に作ることで、いつの間にか生活の一部になって、持病のある人も元気になっていたという例は多々あります。

〝健康のため、身体のために手作りを〟などということだけでなく、ありあわせの材料（旬のもの、乾物など）をひと工夫することでレパートリーが広がり、笑みのこぼれる食卓作りができますし、安心して、おいしいものが食べられることが何よりです。

人間って、どんな小さなことでも自分の手で何かを作り、成しとげることこそが、心の底からわき上がる喜びと思いますが、いかがでしょうか。

今、子供たちはどこか無気力で、無感動、その上すぐキレることが多いのは、この心の底からの喜びを味わったことがないこと、それは、〝食〟の偏りはもちろん、自分の力で工夫して何かを作り出すことを知らずに育ってしまったことが

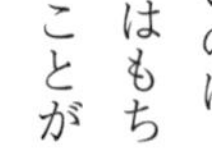 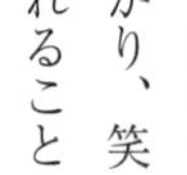 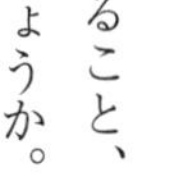 

大きな要因と思われます。

子供たちは、物に恵まれ過ぎていて、いつも完成品を与えられて育ち、自分の力で何かを作り出すことをしないで、常に受動的な生活をくり返しています。

これでは、作り出す能力も、工夫する能力も育つはずがなく、生きる力は減少するばかりです。

お母さん（側にいる大人）が、楽しんで料理し、生き生きと生活しているのを見ながら、子供たちは生きる力を身につけていきます。

料理を通して、生活全般を通して、両親（側にいる大人）が工夫し、創造を喜び、その人らしく楽しんで行動していくことが、子どもたちに生きる力を与え、五感の発達した大人へとつながっていきます。

もちろん、私たち大人も、食の在り方、生活の仕方を変えることで、健康面でも、精神面でも、今までと違ってくることを実感なさるでしょう。

このレシピ集が、みなさまの生活に活力を与え、豊かな人生の歩みの一助になることを願っています。

神頭　孝子

INDEX ▮ 料理さくいん

その他主食がわりのもの

ご　飯

INDEX ▌料理さくいん

煮 物

INDEX 料理さくいん

和えもの

INDEX ▮ 料理さくいん

焼きもの

炒めもの

INDEX ▌料理さくいん

サラダ

おひたし

漬けもの

INDEX ▮ 料理さくいん

蒸しもの

酢のもの

揚げもの

寒天・テリーヌ

INDEX ■ 料理さくいん

汁物

INDEX ▌料理さくいん

その他副菜

INDEX ▌料理さくいん

菓子類

INDEX ▮ 作り方一覧

Profile ＊ 著者プロフィール

神頭 孝子（かんとう あつこ）

1938年　兵庫県生まれ
1986年から自宅にて料理教室主宰
横浜市在住

イラスト ＊ **中野妙子**（なかのたえこ）

1951年　東京都生まれ
イラストレーターとして活躍中
東京都品川区在住

豊かな食生活レシピ集
健やかな人生を過ごすために

2004 年 1 月15日　初版第 1 刷発行
2004 年 1 月25日　初版第 2 刷発行

著　者　神頭 孝子
発行者　瓜谷綱延
発行所　株式会社 文芸社
〒160-0022　東京都新宿区新宿1-10-1
電話　03-5369-3060（編集）
03-5369-2299（販売）
印刷所　株式会社 フクイン

ISBN4-8355-6796-X　C0095